THAÏLANDE

GRÜND

Remerciements

Maquette : Sue Storey
Photos de : James Murphy
Préparation des plats : Dolly Meers
Styliste : Sarah Wiley
Dessins : David Sim

Les éditeurs remercient les organismes suivants qui ont fourni des illustrations :
Tore Gill/Ace Photoagency (page 5) ; The Hutchison Library (page 7)

Texte original de Punprapar Klinchui
Adaptation française de Hélène Bigard

Première édition française 1988
par Librairie Gründ, Paris

ISBN : 2-7000-6462-3
Dépôt légal : avril 1988
Édition originale 1987 par Octopus Books Ltd

Photocomposition : Marcel Bon, Vesoul
Distribution : UNIMEX Co (46.80.92.93)

Sauf mention contraire, toutes les recettes sont pour 4 personnes

Page précédente : curry aux fonds d'artichauts (page 34)
Produit par Mandarin Offset
Imprimé et relié en Chine

Sommaire

THAÏLANDE

En feuilletant ce livre, vous n'allez pas tarder à découvrir l'originalité de la cuisine thaïlandaise. Après avoir expérimenté quelques recettes thaïlandaises authentiques de Punprapar Klinchui, vous en comprendrez la raison. Des petits en-cas que les Thaïlandais grignotent durant la journée aux soupes chaudes et épicées, en passant par les curries qui mettent le feu au palais et les salades croquantes et colorées, vous serez conquis par les charmes de cette cuisine totalement différente.

Vous remarquerez tout d'abord que les plats thaïlandais ne se limitent pas uniquement aux plaisirs du palais. Bien au contraire, un plat thaïlandais se doit d'être alléchant à tous les points de vue — tant à la vue, qu'à l'odorat et au goût. Même les repas les plus simples sont soignés jusque dans leurs moindres détails au niveau de l'apparence et de la présentation de chaque plat, de sa subtilité et des nuances des parfums. La cuisine thaïlandaise est loin d'être une science exacte. Les « recettes » sont transmises de bouche à oreille d'une génération à l'autre (les premières recettes imprimées n'ont fait leur apparition qu'après la Première Guerre mondiale) et, au fil des ans, chaque cuisinier ou cuisinière ajoute sa touche personnelle. Les cuisiniers thaïlandais expérimentent et goûtent au fur et à mesure, rajoutant une pincée de ceci et une goutte de cela, et bien que les recettes de ce livre donnent des quantités exactes, les Thaïlandais sont loin de s'y tenir strictement.

S'il s'agit de votre toute première expérience de la cuisine thaïlandaise, ne vous laissez surtout pas intimider : la cuisine thaïlandaise est un art respectant totalement les talents de chacun.

A droite : la côte thaïlandaise bordée de palmiers

L'originalité de la cuisine thaïlandaise est due à un facteur très simple : la Thaïlande est le seul pays du Sud-Est asiatique à n'avoir jamais été colonialisé. Elle n'a jamais dû se plier à un gouvernement étranger. Sa cuisine n'a de rapport qu'avec celles de ses voisins : la Chine, la Birmanie et l'Inde. A l'origine, le peuple thaïlandais habitait le sud de la Chine, d'où les Mongols les chassèrent du VIIIe au XIIIe siècles. L'empire mongol se développa au détriment des Thaïlandais repoussés vers le sud, où ils finirent par se créer une nouvelle patrie entre la Birmanie, au nord-ouest, et la Malaisie, au sud.

Malgré la menace constante de leurs nouveaux voisins, les Thaïlandais réussirent à conserver leur indépendance et, à la fin du XVIIIe siècle, ils établirent leur capitale au cœur du bassin de la rivière Chao Pra Ya — là où se trouve le Bangkok d'aujourd'hui. Ce nouveau pays s'appelait alors le Siam.

Les rois thaïlandais furent vite connus pour leur passion de la bonne chère. Les cuisines des palais étaient amplement approvisionnées grâce à la richesse et la fertilité de cette nouvelle terre. Les montagnes du nord fournissaient la viande et le gibier, tandis que les rivières, fleuves et lacs regorgeaient de poissons frais. Dans les terres plus fertiles du sud, les fruits et légumes tropicaux abondaient. Le golfe du Siam était une source constante de fruits de mer, tandis que le riz parfumé venait, lui, du bassin de la Chao Pra Ya. Des marchands en provenance des Indes et du Moyen-Orient apportaient, dans les ports siamois, des épices et autres mets exotiques. Il n'est donc pas étonnant que ce pays de paix et de prospérité, dans lequel les richesses abondaient, ait donné naissance à une cuisine complexe, riche et variée.

L'une des meilleures façons de saisir les parfums de la cuisine thaïlandaise est de visiter le célèbre « marché flottant » de Bangkok. Les « sampans » chargés de fruits et légumes frais de la meilleure qualité, encore couverts de rosée, indiquent bien à quel point la bonne cuisine reste chère au cœur du peuple thaïlandais, des plus riches aux plus pauvres.

Philosophie de la nourriture

Le don et le partage de la nourriture représentent une partie essentielle de la culture thaïlandaise. Institués depuis longtemps, ils demeurent fermement ancrés dans le cœur des habitants. Le bouddhisme est encore très puissant en Thaïlande et tous les Thaïlandais du sexe masculin doivent, à un moment ou un autre, être moines quelques mois, pour s'attirer les faveurs des dieux. Durant cette période, le moine doit mendier son pain quotidien dans le voisinage et, dans les régions de campagne où les femmes se lèvent avant l'aube pour préparer le petit-déjeuner familial, on voit bien souvent des moines quémander une cuillère ou deux de riz dans chaque maison, jusqu'à ce que leur bol soit plein.

Le partage de la nourriture est étendu à la table familiale. Les mets sont placés dans des bols de service au milieu de celle-ci, de façon à ce que tout le monde puisse se servir.

Coutumes et menus

Dans les campagnes de Thaïlande, ce mode de vie n'a pas beaucoup changé au fil des ans, alors qu'à Bangkok et dans les autres grandes villes, l'influence occidentale s'impose progressivement — comme les coutumes alimentaires occidentales. Dans les villes, certains habitants prennent du café et du pain grillé pour leur petit-déjeuner. Mais ce n'est certainement pas le cas dans la majorité des familles habitant les zones rurales. La plupart des femmes thaïlandaises continuent à passer la plus grande partie de leur temps au foyer et, plus particulièrement, dans la cuisine. Une journée typique commence à cinq heures du matin environ par une visite au marché local pour acheter les produits frais de la journée avant de commencer à préparer le premier repas familial, le petit-déjeuner, qui reste un des repas les plus consistants pour la plupart des Thaïlandais. On y sert toujours du riz ou de la bouillie d'avoine, en plus d'un plat au curry (*kang*) quelconque, un plat de légumes, du poisson ou de la viande et, parfois, une omelette.

Le déjeuner est un repas plus léger et plus sobre que le petit-déjeuner. Il se compose généralement d'un plat à base de nouilles, tel qu'une soupe ou des nouilles frites avec de la viande, du poisson et des légumes.

Les petits en-cas sont extrêmement prisés toute la journée, mais plus particulièrement l'après-midi pour pouvoir tenir jusqu'au principal repas de la journée, qui a lieu le soir. Parmi ces en-cas figurent le *satay,* des petits rouleaux de printemps, le *geow grob* (ravioli frit) et des mets à base de riz croquant.

Le repas du soir est le point culminant de la journée dans pratiquement tous les foyers thaïlandais. Ce repas se compose traditionnellement de cinq plats au moins, tous servis en même temps — ils sont placés au centre de la table pour que tout le monde puisse se servir. Dans le monde occidental, les restaurants thaïlandais servent bien souvent les plats séparément ; mais il ne s'agit pas de la coutume authentique. Au cours d'un repas thaïlandais authentique, la soupe est servie en même temps que le repas et bue à la cuillère dans des bols individuels.

Le but des cinq plats minimum est d'assurer un repas harmonieux et équilibré, ce qui est particulièrement important lorsque plusieurs plats sont servis en même temps. Le riz nature, qui est l'aliment de base, constitue le plat central du repas ; il est accompagné d'un plat de viande, de volaille ou de poisson dans une sauce au curry épicée (*kang*), d'un plat de légumes sautés (*bhud*), d'une salade croquante (*yam*), d'une soupe (*tom yum*) et d'une sauce épicée et forte appelée *nam prig,* servie à pratiquement tous les repas thaïlandais. Si le curry est à base de poulet, les légumes contiennent du porc ou du bœuf, ou un mélange des deux. La salade est en général composée de légumes frais, servis crus, et de fruits de mer, crevettes ou crabe, tout ce qu'il y a de plus frais et de meilleur sur le marché — on sert parfois un poisson entier cuit au four ou à la vapeur.

Il existe de nombreux desserts thaïlandais, dont la plupart sont à base de crème cuite et de lait de coco, très sucrés. Ils ne sont pas servis chaque jour à la fin du repas mais, bien au contraire, réservés à des occasions spéciales telles que les grands banquets et les réceptions de mariage. Les fruits frais de saison

Ci-dessus : un étal de marché à Bangkok

sont généralement servis à la fin du repas pour rafraîchir le palais — les pamplemousses, mangues, papayes, melons, ananas et prunes poussent un peu partout.

Chaque personne a sa propre assiette, sa fourchette, sa cuillère et un bol pour la soupe. Les baguettes ne sont que rarement utilisées en Thaïlande. Les aliments sont découpés en petits morceaux pour pouvoir être servis et consommés facilement — les couteaux ne sont pas utilisés à table. Chaque convive se sert tout d'abord une cuillère ou deux de riz, puis une cuillère d'un autre plat qui vient se placer à côté du riz. Après avoir mangé le premier plat, on se sert une autre cuillère de riz avec une portion du plat suivant, et ainsi de suite jusqu'à la fin du repas. Chaque plat peut ainsi être savouré individuellement. N'oubliez surtout pas cette règle lorsque vous choisissez de dîner dans un restaurant thaïlandais, et placez côte à côte le riz et l'autre plat ; le résultat en vaut la peine. Il ne faut surtout pas empiler le riz sur l'assiette et mettre du curry par dessus. Pour les Thaïlandais, le riz sauté constitue un plat à lui seul ; il se consomme à midi, dans l'après-midi ou même tard le soir. Il ne doit donc pas être servi avec d'autres plats ou commandé avec le reste du repas dans un restaurant. Seul le riz bouilli ou cuit à la vapeur doit être consommé pendant le repas ; le riz thaïlandais à longs grains parfumés au jasmin et légèrement collant a un parfum et une texture tellement délicats qu'il est excellent, même nature.

Mélanges de goûts et de textures

Comme tous les plats sont servis en même temps, aucun d'entre eux n'est plus important que l'autre. L'accent est mis plus particulièrement sur l'équilibre des parfums, textures et couleurs. En combinant soigneusement de nombreux ingrédients, on obtient des parfums exquis. C'est cette combinaison, que l'on retrouve dans pratiquement tous les plats thaïlandais, qui rend cette cuisine originale, totalement différente de celle des autres pays du sud de l'Asie. Les parfums de la cuisine thaïlandaise sont à la fois forts et épicés, aigres et doux et salés. Ce mélange est dû aux nombreux ingrédients sans cesse utilisés dans les curries, les légumes sautés, les soupes et les salades. L'ail, les racines de gingembre et différents types de piments (dont certains extrêmement forts) sont fréquemment utilisés, et aussi la noix de coco fraîche et le lait de coco, la galanga (*khar*), la citronnelle (*takrai*), les zestes de citron et les feuilles de citronnier, les feuilles de menthe et de basilic, ainsi que les racines, les tiges et les feuilles de coriandre. La combinaison de ces ingrédients avec une sauce de poisson thaïlandaise appelée *nam pla,* des crevettes desséchées et de la pâte de crevettes desséchées (*kapee*), donne à la cuisine thaïlandaise sa saveur spécifique, tout comme l'usage du sucre dans de nombreux plats salés.

Les curries thaïlandais sont extrêmement différents des curries indiens dans la mesure où ils ne sont pas confectionnés à partir d'une poudre mais d'une pâte fraîche et humide d'épices, composée de gingembre, d'ail, de piments, de citronnelle, de coriandre fraîche, de pâte de crevettes et de galanga. Le lait et la crème de coco y sont souvent utilisés : la viande est cuite d'abord dans le lait, et la crème ajoutée ensuite à la pâte de curry, jusqu'à ce que l'huile se sépare. La plupart des cuisiniers thaïlandais pilent chaque jour leur pâte de curry au mortier. Il existe trois principales sortes de curry en Thaïlande : le *kang som* (aigre), le *kang bhed* de couleur rouge, assez fort, à base de piments rouges et de poudre de piment, et le *kang keaw whan* fait à partir de petits piments verts extrêmement forts.

Produits thaïlandais

Agar-agar : une façon naturelle de faire « prendre » les aliments grâce à cette gelée à base d'algues utilisée pour les desserts. Elle se présente sous forme de longs fils blancs. Vous pouvez la remplacer par de la gélatine.
Ail en conserve : l'ail thaïlandais est relativement petit et les bulbes sont mis en conserve entiers dans une saumure aigre-douce et vendus en pot. L'ail en conserve provenant du Moyen-Orient a tendance à être plus gros et est souvent mis en conserve en gousses séparées. Les deux peuvent être utilisés dans les recettes thaïlandaises.
Aubergines : la variété utilisée dans la cuisine thaïlandaise, petite et verte, ne doit pas être remplacée par les aubergines mauves plus grandes. Les petites aubergines vertes, bien souvent mangées crues dans les salades thaïlandaises, sont extrêmement appréciées pour leur texture croquante — elles comportent aussi de nombreux pépins.
Champignons parfumés (hed hunu) : variété de champignons, vendus secs ; ils doivent être trempés avant utilisation. Ils gonflent et prennent alors une apparence gélatineuse. Ils sont appréciés pour leur texture croquante plutôt que pour leur saveur, relativement douce.
Châtaignes d'eau : elles sont utilisées pour leur texture croquante plutôt que leur saveur assez douce. Les châtaignes d'eau fraîches sont parfois disponibles dans les magasins spécialisés, et leur peau de couleur brun-noir doit être épluchée au couteau pour révéler la chair blanche de la taille d'une noix à l'intérieur. Les châtaignes d'eau en boîte sont épluchées et prêtes à utiliser.
Citronnelle (takrai) : plante extrêmement aromatique ayant le parfum et le goût du citron. L'extrémité bulbeuse s'utilise en rondelles, hachée ou écrasée comme le gingembre frais, tandis que la tige est ajoutée entière aux curries et aux soupes. La citronnelle est vendue fraîche un peu partout ; mais vous pouvez aussi utiliser la poudre, appelée *serai*. Dans ce cas, 1 cuillère à café de *serai* remplace 1 tige de citronnelle.
Feuilles de cou chai : elles ressemblent aux ciboules, mais ont un parfum plus distinct. Elles sont souvent hachées et ajoutées aux plats de nouilles sautées. Les feuilles de cou chai sont vendues fraîches dans les magasins orientaux. Si vous ne pouvez vous en procurer, utilisez des ciboules, mais le goût final sera moins fort.
Feuilles de theoy : les feuilles vertes du pandanus, longues et étroites, sont utilisées pour parfumer et colorer les plats sucrés et salés. Aucun autre ingrédient ne peut remplacer leur parfum, bien qu'on utilise parfois du colorant alimentaire vert pour la couleur, plus particulièrement dans les desserts.
Galanga (khar) : la galanga, qui fait partie de la même famille que le gingembre, est une racine ayant un parfum ressemblant un peu à celui du pin. Elle se prépare comme le gingembre frais, mais a une consistance ressemblant plus à celle du bois. Elle est donc plus difficile à éplucher et à écraser. Elle est aussi disponible en poudre sous le nom de *laos* ; 1 cuillère à café de poudre de *laos* équivaut à environ 1 cm de racine.
Gingembre (khing) : utilisé frais dans la cuisine thaïlandaise. Cette racine à peau épaisse doit être épluchée avant d'être hachée fin ou écrasée. Les racines de gingembre fraîches sont disponibles un peu par-

1. Ananas 2. Feuilles de theoy 3. Citron vert 4. Épis de maïs nains 5. Piments 6. Litchis 7. Citron jaune 8. Racine de taro 9. Vermicelles de riz 10. Champignons parfumés 11. Racine de gingembre 12. Racine de krachai 13. Châtaignes d'eau épluchées 14. Pousses de bambou 15. Sucre de palme 16. Agar-agar (gélatine végétale) 17. Cacahuètes entières 18. Graines de lotus 19. Grains de poivre vert 20. Pâte de soja 21. Aubergines 22. Poudre de piment 23. Piments thaïlandais 24. Pâte à raviolis.

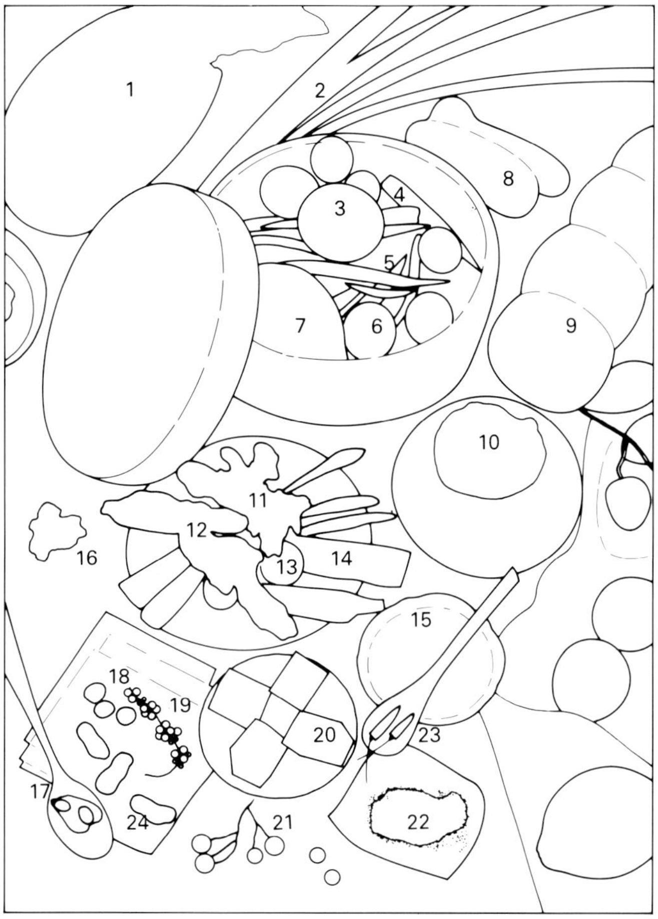

PRODUITS THAÏLANDAIS

tout. Il n'est pas recommandé d'y substituer du gingembre en poudre pour la cuisine thaïlandaise.
Graines de lotus (med bua) : disponibles en boîte. Elles sont utilisées dans de nombreux desserts et entremets thaïlandais. Les Chinois s'en servent pour les plats sucrés.
Makrut : le zeste et les feuilles de ce citron vert à la peau grumeleuse sont utilisés pour leur saveur forte dans les pâtes de curry et les soupes. Vous pourrez les remplacer par du citron vert ou du pamplemousse, si vous n'arrivez pas à vous en procurer.
Nam pla (sauce de poisson) : cette sauce vendue en bouteille dans le commerce est préparée à partir d'anchois salés. Elle est liquide, mais très parfumée. On l'utilise fréquemment dans la cuisine thaïlandaise pour accentuer le parfum des autres ingrédients, plutôt que pour leur donner un goût de poisson. Il en existe plusieurs marques, certaines plus fortes et plus salées que d'autres. Il est donc conseillé d'en essayer plusieurs pour trouver celle que vous préférez.
Navets en conserve : trempés dans une saumure, puis séchés, ils ont un goût très salé. Ils sont vendus en paquet. Vous pouvez les utiliser directement dans les plats demandant plus de sel, en les hachant fin. Pour un plat moins salé, rincez-les à l'eau avant de les utiliser. Il existe également des radis en conserve. Ces deux légumes sont interchangeables.
Pâte de curry matsaman : vendue en pot. Il est conseillé de s'en procurer pour confectionner le célèbre curry matsaman de style indien. Confectionnée à partir d'un grand nombre d'ingrédients différents, cette pâte demande un temps de préparation extrêmement long.
Pâte à raviolis : elle se présente sous forme de feuilles carrées de pâte à nouilles très fine confectionnée à partir de farine, d'eau et d'œuf. Elles sont vendues fraîches ou congelées dans les magasins orientaux et peuvent être farcies de garniture salée avant d'être cuites à l'eau, à la vapeur ou dans un bain d'huile.
Pâté de soja : vendu frais. Pour les recettes thaïlandaises, choisissez un pâté de soja ferme par opposition à la pâte plus molle et parfois « soyeuse » que les Japonais appellent *tofu*. Le pâté de soja, confectionné à partir de haricots de soja en purée, est extrêmement nutritif — riche en protéines tout en ne contenant que peu de graisse. De couleur blanche et de texture molle ressemblant à celle du fromage, il peut être coupé en tranches ou en dés. Sa faveur douce s'accommode bien des ingrédients plus épicés souvent employés dans la cuisine thaïlandaise.
Piments : fréquemment utilisés dans la cuisine thaïlandaise, la variété préférée étant les petits piments verts appelés *prig khee nhoo*. Extrêmement forts, ils doivent être utilisés avec précaution.
Poisson en conserve (pla rah) : différents types de poissons sont mis en conserve — les plus courants étant les anchois, mais d'autres poissons plus petits sont également utilisés. Le *pla rah* vendu en pot est le plus fort condiment utilisé dans la cuisine thaïlandaise. Il donnera un goût de poisson prononcé à tous les plats.
Pousses de bambou : les jeunes pousses du bambou sont récoltées en hiver et cuites partiellement à l'eau. Elles sont vendues en boîte un peu partout, en rondelles ou non.
Racine de krachai : ce tubercule a un arôme relativement fort et distinct. Il est disponible frais ou sec mais le frais est meilleur. Il s'agit d'un des principaux ingrédients des pâtes de curry thaïlandaises et des curry de poisson. Pour le préparer, grattez la fine peau marron avec un couteau pointu et hachez fin la chair.
Riz gluant : appelé également riz glutineux. Il s'agit d'un riz à grain court qui colle lorsqu'on le cuit. Au nord-est de la Thaïlande, il constitue le plat principal du repas, mais à Bangkok et dans les autres villes, il n'est utilisé que pour les desserts. La variété de riz consommée pendant les repas est le riz thaïlandais parfumé à grain long.
Sauce d'huîtres : vendue en bouteille dans le commerce et confectionnée à partir d'huîtres et de sauce de soja. Brune, épaisse et forte, elle est fréquemment utilisée dans la cuisine thaïlandaise pour parfumer la viande, le poisson, la volaille et les légumes, plus particulèrement dans les plats sautés.
Sauce de piments : cette sauce vendue en bouteille dans le commerce est utilisée pour relever de nombreux plats. Elle combine un mélange de parfums forts, doux et salés, et est généralement utilisée en petite quantité.
Sauce de soja : confectionnée à partir de haricots de soja fermentés, elle est fournie en deux variétés : claire et noire. La sauce claire a une couleur moins prononcée que l'autre, elle est aussi plus salée. Elle remplace la sauce au poisson lorsque le goût du poisson n'est pas nécessaire dans les plats de poulet ou de riz sauté par exemple. La sauce noire est plus épaisse et plus sucrée que l'autre, et moins salée. Elle est souvent utilisée dans les plats de nouilles.
Tamarin : ce fruit tropical est utilisé pour sa saveur acide. Il est vendu séché ou en pâte ; faites-le tremper 5 à 10 minutes à l'eau tiède avant de l'utiliser. Pressez ensuite le tamarin pour en extraire le plus de pulpe possible, et passez la pulpe et l'eau de trempage qui vous serviront pour la cuisson. Le tamarin a un parfum extrêmement fort, c'est pourquoi un morceau gros comme une noix suffit largement. Plus vous le laissez tremper, et plus son parfum est fort.
Tao chiew (haricots jaunes fermentés) : à cause de leur parfum très spécial, ils doivent être ajoutés cuillère par cuillère. Ils accompagnent extrêmement bien les plats contenant du gingembre. Ils sont vendus en pots.
Taro : ce légume qui ressemble aux patates douces est vendu dans les magasins antillais ainsi que dans les magasins orientaux. Les Thaïlandais s'en servent comme légume, mais aussi pour certains desserts.
Vermicelles : ingrédient couramment utilisé dans la cuisine thaïlandaise. Deux principaux types de vermicelles secs sont utilisés. Les *sen mee* sont des nouilles sèches confectionnées à partir de farine de riz, souvent appelée « bâtonnets de riz » parce qu'elles sont très fines. Elles peuvent être cuites directement dans un bain d'huile ou trempées dans de l'eau et cuites à l'eau, selon la recette choisie. Les *wun sen* sont des nouilles transparentes confectionnées à partir de farine de soja. Il s'agit de nouilles séchées extrêmement fines qui doivent être trempées avant utilisation.

Menus

Menu 1

Soupe aux crevettes
Crevettes au curry
Poulet au maïs
Porc et haricots au curry rouge
Œufs frits en sauce

Menu 2

Bouillon au pâté de soja
Poisson à l'ail
Porc sauce aigre-douce
Bœuf au curry rouge
Salade de crevettes à la citronnelle

Menu 3

Poisson au tamarin et au gingembre
Beignets de fruits de mer
Bœuf aux piments
(voir variante, Porc aux piments)
Porc au curry rouge
Sauce aux crevettes

Menu 4

Bouillon au tapioca
Poisson au tamarin
Poulet au curry vert
(voir variante, Porc au curry rouge,
et utiliser la pâte de curry verte, page 63)
Bœuf à la sauce d'huîtres
Sauce à la pâte de crevettes

Menu 5

Soupe de poulet au coco
Crabes farcis
Bœuf au gingembre
Poisson au curry
Œufs durs au tamarin

Menu 6

Bouillon aux vermicelles
Poisson au gingembre
Curry aux fonds d'artichauts
Poulet aux feuilles de theoy
Salade de bœuf aux asperges fraîches

Barbecue

Brochettes de porc
Poisson grillé
Ailes de poulet farcies
Poulet grillé Sala Thai
Travers de porc

Entrées et soupes

Les entrées thaïlandaises demandent parfois un temps de préparation assez long, un peu d'adresse et d'entraînement, mais délicieuses et irrésistibles, elles méritent bien cet effort. Elles sont particulièrement recommandées pour les occasions spéciales et les réceptions. Elles se consomment aussi seules.

Les soupes thaïlandaises ne doivent pas être servies en hors-d'œuvre ; au contraire, elles accompagnent le plat de résistance.

A la différence des soupes occidentales qui sont souvent passées pour obtenir un velouté, les soupes thaïlandaises contiennent une combinaison d'ingrédients bien équilibrés, conservés entiers, et qui retiennent leur goût et leur texture individuelle.

Toasts aux crevettes

Kah Nom Pung nah Mhoo

75 g de crevettes crues (voir page 63)
100 g de porc haché
1 cuillère à soupe de coriandre fraîche hachée fin
1 cuillère à soupe de ciboule hachée fin
1 cuillère à soupe de pâte d'ail (voir page 62)
1 cuillère à soupe de nam pla
1 œuf battu
5 tranches de pain, sans la croûte
sauce aux prunes pour servir (voir page 62)

Hachez fin les crevettes. Mettez-les dans un saladier et ajoutez le porc haché, la coriandre, les ciboules, la pâte d'ail et le nam pla. En mélangeant, versez l'œuf battu et remuez bien.

Découpez chaque tranche de pain en six morceaux. Tartinez chacun du mélange de porc et de crevettes, en imprégnant bien le pain du mélange.

Faites chauffer environ 2 cm d'huile dans une grande poêle et faites frire les morceaux de pain, plusieurs à la fois, mélange au-dessous. Laissez-les cuire à feu modéré 6 à 8 minutes, puis retournez-les pour dorer l'autre côté.

Égouttez-les sur du papier absorbant et servez chaud avec de la sauce aux prunes.

Variante : vous pouvez doubler la quantité de porc haché et supprimer les crevettes. Dans ce cas, servez avec une salade de concombre (voir page 53) ou une sauce aux piments. Le mélange peut aussi être à base de crabe, ou de porc et de crabe.

Raviolis frits

Geow Grob

225 g de porc haché
1 cuillère à soupe d'oignon haché fin
2 cuillères à café de pâte d'ail (voir page 62)
1/2 cuillère à soupe de nam pla
20 feuilles de pâte à raviolis
1 jaune d'œuf
huile à friture

Dans une jatte, versez le porc haché, l'oignon, la pâte d'ail et le nam pla. Remuez bien. Disposez une cuillère à café de cette farce au centre d'une feuille. Repliez-la en triangle et collez les bords au jaune d'œuf. Remplissez les autres de la même façon.

Faites chauffer l'huile dans un wok ou une friteuse, et faites frire les raviolis, plusieurs à la fois, 5 minutes, jusqu'à ce qu'ils dorent. Laissez-les égoutter sur du papier absorbant.

Brochettes de porc avec de la sauce satay, une salade de concombre et des toasts

Servez-les chauds avec un assortiment de sauces, comme de la sauce aux prunes (voir page 62), de la sauce aigre-douce ou de la sauce aux piments.

Note : les feuilles de pâte à raviolis sont vendues dans les épiceries orientales. Un paquet de 500 g contient environ 90 feuilles. Enveloppées dans un film plastique, elles se conserveront une semaine au réfrigérateur.

Brochettes de porc

Satay

500 g de filet de porc
1 cuillère à café de sel
2 cuillères à café de sucre brun
1 cuillère à café de curcuma en poudre
1 cuillère à café de coriandre moulue
1 cuillère à café de cumin en poudre
18 cl de lait de coco (voir page 63)

Sauce satay
50 g de cacahuètes grillées
1 cuillère à café de sel
30 cl de lait de coco (voir page 63)
2 cuillères à café de pâte de curry rouge (voir page 63)
2 cuillères à soupe de sucre
1/2 cuillère à café de jus de citron

Émincez le porc en lamelles de 5 cm et placez-les dans un grand saladier. Ajoutez le sel, le sucre, le curcuma, la coriandre, le cumin et 4 cuillères à soupe de lait de coco. Mélangez bien le tout. Couvrez et laissez mariner au moins 2 heures.

Pendant ce temps, préparez la sauce. Broyez les cacahuètes et le sel dans un mortier, jusqu'à ce que le mélange ait la consistance d'une crème épaisse. Mettez-la de de côté.

Versez la moitié du lait dans une casserole et ajoutez la pâte de curry. Faites chauffer à feu doux, sans cesser de remuer, 3 minutes. Ajoutez la crème de cacahuète, le sucre, le jus de citron et le reste du lait de coco en tournant.

Laissez mijoter à petit feu 20 à 30 minutes, en remuant de temps en temps. Transférez ensuite le tout dans une jatte.

Enfilez les morceaux de porc sur des brochettes en bambou : vous avez suffisamment de viande pour confectionner 16 à 20 brochettes. Mettez-les à cuire à feu modéré sur un barbecue, ou sous un gril, 12 à 15 minutes, en les retournant plusieurs fois et en les enduisant fréquemment de lait de coco pendant la cuisson.

Servez-les avec la sauce satay, une salade de concombres et d'oignons (voir page 53).

Variante : vous pouvez remplacer le filet de porc par du filet de bœuf ou du blanc de poulet.

Rouleaux de printemps, porc à l'ananas

Raviolis thaïlandais

Kah Nom Jeeb

225 g de porc haché fin
225 g de crabe ou de crevettes crues hachées fin (voir page 63)
1 œuf
100 g de châtaignes d'eau en boîte, égouttées
1 cuillère à soupe de pâte d'ail (voir page 62)
1 cuillère à soupe de nam pla
1 cuillère à soupe de sauce de soja
1 cuillère à soupe de maïzena
40 feuilles de raviolis
20 crevettes crues coupées en deux dans le sens de la longueur (voir page 63)

Pour servir
4 cuillères à soupe de sauce de soja
4 cuillères à soupe de sauce aigre-douce
1 cuillère à soupe d'huile à l'ail (voir page 63)

Placez les 8 premiers ingrédients dans un mixer et mélangez-les, sans les réduire en purée. Vous pouvez aussi les malaxer à la main dans un grand saladier.

Posez-en 1 grosse cuillère à café sur chaque feuille, et rabattez les bords tout autour pour obtenir la forme d'une tasse. Pincez les bords de la « tasse » entre le pouce et l'index pour former des plis. Introduisez une demi-crevette dans chaque ravioli.

Disposez les raviolis dans le panier graissé d'une ou deux cocottes à vapeur remplies aux deux tiers d'eau bouillante et faites cuire 15 minutes.

Pendant ce temps, préparez la sauce en mélangeant, dans un bol, la sauce de soja et la sauce aigre-douce.

Servez les raviolis chauds, arrosés d'huile à l'ail, la sauce à part.

Rouleaux de printemps

Poh Piah Tod

1 paquet de papier de riz de 200 g

Garniture
100 g de champignons noirs
2 cuillères à soupe d'huile
2 cuillères à soupe de pâte d'ail (voir page 62)
100 g de chair de crabe
100 g de crevettes crues hachées fin (voir page 63)
100 g de porc haché
100 g de vermicelles de soja trempés à l'eau tiède et coupés sur 1 cm de longueur
100 g de nam pla
2 cuillères à soupe de sauce de soja claire
1 cuillère à café de sucre
5 ciboules ou 1 oignon moyen haché fin
1 œuf battu
huile à friture

Faites tremper les champignons noirs à l'eau tiède 20 minutes. Pressez-les pour en retirer toute l'eau, jetez les pieds et hachez fin les têtes.

Faites chauffer l'huile dans un wok ou une grande poêle. Ajoutez la pâte d'ail et faites-la revenir une minute. Ajoutez le crabe, les crevettes et le porc hachés, laissez cuire 10 à 12 minutes en remuant. Ajoutez ensuite les vermicelles, les champignons, le nam pla, la sauce de soja, le sucre et la ciboule ; poursuivez la cuisson 5 minutes en remuant sans cesse, jusqu'à ce que le liquide ait été entièrement absorbé. Retirez la poêle du feu et laissez refroidir.

Pendant ce temps, trempez une feuille de papier de riz dans l'eau et étalez-la sur une planche. Disposez deux cuillères à soupe de farce sur la partie inférieure de chaque feuille. Dorez les bords droit et gauche à l'œuf. Rabattez le bord inférieur sur le bord supérieur et les bords gauche et droit sur la farce, puis roulez le tout à la manière d'une saucisse. Dorez le bord supérieur à l'œuf et collez-le. Procédez de la même façon pour les autres feuilles, en prenant soin de couvrir les rouleaux de printemps terminés.

Faites chauffer de l'huile dans un wok ou une friteuse. Faites dorer les rouleaux, plusieurs à la fois, 5 à 8 minutes. Égouttez-les sur du papier absorbant, et servez-les chauds avec de la sauce aigre-douce et une salade de cubes d'ananas.

Porc à l'ananas

Mah Hoh

4 cuillères à soupe d'huile
1/2 cuillère à soupe de piments rouges secs hachés
1 cuillère à soupe de pâte d'ail (voir page 62)
100 g de porc haché
100 g de crevette crues hachées (voir page 63)
2 cuillères à soupe de nam pla
2 cuillères à soupe de sucre roux
50 g de cacahuètes moulues
1 gros ananas
feuilles de coriandre pour décorer

Dans une petite poêle, faites chauffer 1 cuillère à soupe d'huile. Faites-y frire les piments. Égouttez sur du papier absorbant et mettez de côté.

Faites chauffer le reste d'huile dans une casserole moyenne, ajoutez la pâte d'ail et faites revenir 2 minutes. Ajoutez ensuite le porc et les crevettes, et poursuivez la cuisson 5 à 6 minutes en remuant fréquemment. En mélangeant, versez le nam pla et le sucre, et laissez cuire encore 10 à 15 minutes. Ajoutez les cacahuètes, mélangez bien et retirez du feu.

Épluchez l'ananas et retirez le cœur. Découpez la chair en cubes de 5 cm. Disposez-les sur un grand plat de service et recouvrez chacun du mélange de porc. Décorez de feuilles de coriandre et de piments frits.
Variante : ce plat est tout aussi délicieux avec des oranges. Épluchez 6 oranges et divisez-les en quartiers. A l'aide d'un couteau pointu, fendez chacun pour en sortir la chair. Recouvrez du mélange porc et crevettes.

Boulettes de poulet

Kha Nom Jeeb Sai Gai

3 cuillères à soupe de farine de riz gluant
250 g de farine de riz, plus 2 cuillères à soupe
3 cuillères à soupe de fécule
35 cl d'eau
2 1/2 cuillères à soupe d'huile
feuilles de banane (voir note)

Farce :
4 cuillères à soupe d'huile
2 cuillères à soupe de pâte d'ail (voir page 62)
450 g de poulet haché
1 oignon moyen haché fin
3 cuillères à soupe de nam pla
3 cuillères à soupe de sucre

Pour servir :
1/2 cuillère à soupe d'huile à l'ail (voir page 63)
1 laitue séparée en feuilles
1/2 concombre coupé en tranches
1 bouquet de ciboules hachées

Commencez par préparer la pâte. Placez la farine de riz gluant, 250 g de farine de riz et 1 cuillère à soupe de fécule dans une casserole à fond épais. Versez l'eau et l'huile en remuant. Faites cuire à feu modéré jusqu'à ce que le mélange forme une boule.

Transférez dans un bol et laissez refroidir légèrement. Lorsque la pâte est encore tiède, ajoutez le reste de farine de riz et de fécule, et travaillez-la pour la rendre lisse et brillante. Couvrez d'un torchon humide et laissez reposer.

Pour la farce, faites chauffer 2 cuillères à soupe d'huile dans une poêle à frire, ajoutez la pâte d'ail et laissez cuire 1 minute en remuant. Ajoutez le poulet et laissez cuire 3 à 5 minutes en remuant. Quand le poulet est cuit, incorporez l'oignon, le nam pla et le sucre. Poursuivez la cuisson en remuant, jusqu'à ce que le liquide ait été entièrement absorbé. Avec une cuillère, transférez le mélange dans un bol et laissez-le refroidir.

Divisez la pâte en petites boulettes d'environ 1 cm de diamètre, et étalez chacune en cercle. Placez une petite cuillère bombée de farce au centre de chaque cercle, puis refermez pour former une bourse. Vous pouvez aussi disposer la garniture dans une des moitiés du cercle, et replier l'autre moitié pour obtenir un chausson. Collez les bords.

Placez une couche de feuilles de banane dans le panier de la cocotte à vapeur. Huilez généreusement les feuilles au pinceau, et percez-les sur toute leur surface avec une fourchette.

Disposez les boulettes sur les feuilles de banane. Faites cuire à la vapeur 10 à 15 minutes.

Pour servir, enduisez généreusement les boulettes d'huile à l'ail avec un pinceau et disposez-les sur un grand plat de service. Accompagnez-les d'une salade de laitue, de concombres et de ciboules.

Note : vous pouvez remplacer les feuilles de banane par de l'aluminium pour la cuisson à la vapeur.

Nids d'œufs farcis porc et crevettes

Lhrum

6 œufs légèrement battus
2 piments rouges épépinés et coupés en lamelles fines et courtes
4 cuillères à soupe de feuilles de coriandre

Garniture :
3 cuillères à soupe d'huile
1 cuillère à soupe de pâte d'ail (voir page 62)
225 g de porc haché
100 g de crevettes décortiquées et hachées
2 cuillères à soupe d'oignon haché fin
3 cuillères à soupe de nam pla
3 cuillères à soupe de sucre
100 g de cacahuètes grillées et broyées

En Thaïlande, les nids d'œufs sont traditionnellement confectionnés en trempant le bout des doigts dans l'œuf battu et en enduisant la surface d'une poêle huilée pour obtenir la forme choisie. Cette méthode demande toutefois un certain entraînement, c'est pourquoi nous vous suggérons une recette plus simple.

Préparez la garniture en faisant chauffer 2 cuillères à soupe d'huile dans un wok ou une poêle. Ajoutez la pâte d'ail et laissez cuire 30 secondes en remuant. Ajoutez le porc, et laissez cuire 5 à 7 minutes en remuant toujours. Incorporez ensuite tous les autres ingrédients, à l'exception des cacahuètes, et poursuivez la cuisson 3 minutes en remuant.

Retirez la casserole du feu, ajoutez les cacahuètes et mettez de côté.

Avec un pinceau, enduisez la poêle d'huile. Placez cette dernière sur feu modéré. Installez une douille de 5 mm sur la poche, placez un peu du mélange à base d'œuf battu dans la poche, et bouchez la douille avec le doigt. Placez la poche au-dessus de la poêle, retirez le doigt et dessinez un treillis au centre de la poêle sur un carré de 9 cm de côté environ.

Dès que le treillis est cuit, faites-le glisser dans un plat et gardez-le au chaud. Poursuivez de la même façon avec le reste, en ajoutant de l'huile dans la poêle si nécessaire.

Pour confectionner les nids, placez une croix faite de 2 morceaux de piment au centre de chaque carré. Placez une feuille de coriandre sur le piment et ajoutez 1 cuillère à café de farce.

Repliez soigneusement les bords du nid sur la farce pour obtenir des petits paquets, et disposez-les sur le plat de service de façon à voir le rouge du piment et le vert de la coriandre. Servez immédiatement.

Beignets de maïs, boulettes de poulet

Beignets de maïs

Tod Mun Khow Phode

450 g d'épis de maïs frais
450 g de porc haché (pas trop maigre)
1 cuillère à soupe de pâte d'ail (voir page 62)
1-2 œufs
2 cuillères à soupe de farine ordinaire
1 cuillère à soupe de farine de maïs
1 cuillère à café de sel
2 cuillères à soupe de sauce de soja claire
huile à friture
1/2 cube de bouillon de légumes (facultatif)

Pour servir :
1 gros concombre coupé en tranches
2 piments coupés en minces rondelles
2 cuillères à soupe de feuilles de coriandre

Au-dessus d'un saladier, détachez les grains des épis de maïs avec un couteau pointu. Ajoutez le porc et la pâte d'ail, et mélangez bien. Puis ajoutez un œuf en remuant.

Incorporez la farine ordinaire et la farine de maïs, le sel et la sauce de soja, et mélangez pour former une pâte ferme. Vous pouvez ajouter un deuxième œuf, entier ou non, si nécessaire.

Prélevez une petite boulette et faites-la frire dans un peu d'huile. Goûtez-la. Si elle est trop douce, ajoutez le demi-cube de bouillon au reste des ingrédients.

Divisez la pâte en petits beignets ronds de 4 cm de diamètre environ.

Faites chauffer le reste de l'huile dans une friteuse ou un wok, et jetez-y les beignets, plusieurs à la fois, pour les faire dorer. Égouttez-les sur du papier absorbant et laissez refroidir.

Pour servir, placez chaque beignet de maïs sur une tranche de concombre, et garnissez-les d'une rondelle de piment et d'une feuille de coriandre. Maintenez tous les éléments en place au moyen d'un bâtonnet en bois. Disposez les beignets sur un plat de service, entourez-les des dernières tranches de concombre et servez.

Travers de porc

Seeh Krong Mhoo

500 g de travers de porc
2 cuillères à soupe de pâte d'ail (voir page 62)
1 cuillère à café de sel
2 cuillères à soupe de sauce de soja noire
1 cuillère à café de gingembre en poudre
1 cuillère à soupe de sucre roux
2 cuillères à soupe de miel

Découpez le travers en portions individuelles.

Mélangez les autres ingrédients dans un plat creux assez grand, pour y disposer tout le travers en une seule couche. Ajoutez celui-ci et enrobez-le soigneusement, couvrez et laissez reposer au moins 2 heures.

Retirez le couvercle et enfournez dans un four préchauffé à 180 °C. Laissez cuire 1 h 30.

Faites alors griller le travers sur un barbecue à chaleur modérée 20 à 30 minutes, ou sous un gril.

Servez chaud avec une salade verte.

Boulettes de tapioca

Sakoo Sord Sai

500 g de tapioca
1 litre d'eau chaude
25 g de navets au vinaigre, égouttés et hachés fin
3 cuillères à soupe d'huile
3 cuillères à soupe de pâte d'ail (voir page 62)
225 g de blanc de poulet, coupé fin
100 g d'oignons hachés fin
4 cuillères à soupe de nam pla
75 g de sucre roux

Pour décorer :
1 petite laitue séparée en feuilles
6 ciboules lavées
1 cuillère à soupe d'huile à l'ail (voir page 63)

Versez le tapioca dans un grand saladier. Ajoutez l'eau chaude et remuez à la cuillère pour commencer, puis avec les mains. Formez de petites boulettes d'environ 1 cm et conservez-les humides entre deux torchons.

Rincez les navets à l'eau courante et pressez-les pour éliminer toute l'eau. Mettez-les de côté.

Faites chauffer l'huile dans un wok ou une poêle, jetez-y la pâte d'ail et faites-la revenir 2 minutes. Ajoutez le poulet haché et laissez cuire encore 5 minutes, en remuant toujours. Ajoutez ensuite les navets, les oignons, le nam pla et le sucre, et poursuivez la cuisson en remuant jusqu'à ce que la majeure partie du liquide s'évapore. Retirez du feu et laissez refroidir.

Une fois que les boulettes et le mélange de poulet sont assez froids, aplatissez les boulettes et disposez 1 grosse cuillère à café de farce au poulet au centre de chacune. Reformez les boulettes en conservant la farce au centre et disposez-les dans le panier graissé de 1 ou 2 cocottes à vapeur. Faites-les cuire en les espaçant bien. Laissez-les cuire 15 minutes.

Disposez un lit de laitue et de ciboule sur un grand plat, ajoutez les boulettes cuites à la vapeur et arrosez-les légèrement d'huile à l'ail. Servez immédiatement.

Variante : vous pouvez remplacer le poulet par du porc haché fin.

Soupe au maïs

Soupe Khow Pode

4 cuillères à soupe de bouillon de poule ou d'eau
50 g de crabe ou de crevettes crues hachées fin (voir page 63)
1 boîte de 300 g de maïs non égoutté
1 cuillère à café de sel
1/4 de cuillère à café de poivre noir fraîchement moulu
10 cl de crème

Versez le bouillon dans une casserole moyenne et faites-le chauffer jusqu'à ébullition. Ajoutez le crabe ou les crevettes en remuant.

Ajoutez ensuite le maïs, le sel et le poivre en remuant sans cesse jusqu'à ce que la soupe arrive à ébullition. Dès qu'elle bout, retirez du feu, ajoutez la crème et servez immédiatement.

Soupe de poulet au coco

Gai Tom Khar

1 litre de lait de coco (voir page 63)
20 tranches de galanga en lamelles
4 feuilles de makrut
2 cuillères à café de sel
2 cuillères à soupe de nam pla
500 g de blanc de poulet, émincé
12-25 cl de bouillon de poule ou d'eau
2 cuillères à soupe de jus de citron
1 piment thaïlandais, broyé
coriandre fraîche hachée pour décorer

Faites bouillir le lait de coco dans une grande casserole.

Ajoutez la galanga, les feuilles de makrut, le sel, le nam pla et le poulet en remuant jusqu'à ébullition. Baissez le feu et laissez mijoter 15 à 20 minutes, en ajoutant un peu de bouillon ou d'eau si la soupe est trop épaisse.

Retirez du feu, ajoutez le jus de citron et le piment, et transférez le tout dans une soupière. Garnissez la soupe de coriandre hachée avant de servir.

Soupe aux crevettes, soupe au maïs

Soupe aux crevettes

Tom Yum Gung

75 cl de bouillon de poule ou d'eau
4 feuilles de citronnelle
4 feuilles de makrut
1 cuillère à café de sel
4 cuillères à soupe de nam pla
225 g de champignons frais, nettoyés et émincés
400 g de crevettes crues (voir page 63)
4 cuillères à soupe de crème fraîche
2 cuillères à soupe de jus de citron
1 petit piment thaïlandais, broyé fin
2 cuillères à café d'huile au paprika (voir page 63)
coriandre fraîche hachée pour décorer

Versez le bouillon et le takrai dans une grande casserole et portez-les à ébullition. Ajoutez les feuilles de makrut, le sel et le nam pla. Remuez bien.

Ajoutez ensuite les champignons et laissez cuire à feu modéré 3 minutes. Incorporez les crevettes et laissez cuire environ 2 minutes, jusqu'à ce qu'elles deviennent roses. Elles ne doivent pas être trop cuites, sous peine de durcir.

Baissez le feu et ajoutez la crème. Laissez cuire à feu doux pendant 1 minute en prenant soin de ne pas faire bouillir le liquide.

Retirez du feu et incorporez le jus de citron, le piment et l'huile au paprika. Transférez le tout dans une soupière, garnissez de coriandre et servez immédiatement.

Variante : en Thaïlande, le takrai est coupé en morceaux de 2 cm et broyé.

Bouillon au tapioca, soupe aux fruits de mer

Bouillon aux vermicelles

Kang Choud Wun Sen

2 cuillères à soupe d'huile
2 cuillères à café de pâte d'ail (voir page 62)
225 g de porc haché
1 litre de bouillon de poule ou d'eau
100 g de vermicelles de soja
4 ciboules hachées
1/2 oignon moyen, coupé en morceaux
2 cuillères à soupe de nam pla
2 cuillères à café de sel, ou un cube de bouillon de poule émietté
225 g de crevettes crues (voir page 63)
2 branches de céleri avec les feuilles, coupées en tranches

Pour décorer :
coriandre fraîche
poivre noir fraîchement moulu

Faites chauffer l'huile dans une grande casserole et jetez-y la pâte d'ail. Laissez-la frire une minute en remuant.

Ajoutez le porc haché et laissez cuire 3 minutes en remuant, puis ajoutez le bouillon et portez à ébullition. Incorporez les vermicelles, les ciboules, l'oignon, le nam pla et le sel. Faites bouillir la soupe et laissez cuire 3 minutes. Baissez le feu, ajoutez les crevettes et le céleri, et laissez mijoter 2 minutes.

Transférez dans une soupière, décorez de coriandre et saupoudrez de poivre noir avant de servir.

Bouillon au pâté de soja

Kang Choud Tau Fu

1 litre d'eau
1 cube de bouillon de légumes
225 g de porc haché
1 paquet de pâté de soja de 300 g coupé en gros cubes
100 g de germes de soja frais
4 cuillères à soupe de nam pla
2 ciboules hachées
1 branche de céleri avec ses feuilles, hachée
poivre noir fraîchement moulu

Portez l'eau à ébullition dans une grande casserole. Émiettez le cube de bouillon et remuez bien.

Placez le porc dans un saladier, ajoutez 25 cl de bouillon chaud et mélangez à la fourchette pour défaire la viande.

Incorporez ce mélange dans la casserole, et laissez cuire à feu modéré 5 minutes. Ajoutez le pâté de soja, les germes, le nam pla, les ciboules et les feuilles de céleri ; portez le tout à ébullition. Baissez le feu et faites mijoter encore 3 minutes.

Transférez le bouillon dans une soupière et poivrez.

Bouillon au tapioca

Kang Choud Sa-Koo

1 litre de bouillon de poule ou d'eau
1 cube de bouillon de légumes
100 g de porc haché
2 cuillères à soupe de nam pla
75 g de tapioca
75 g de crabe
1 laitue séparée en feuilles
2 cuillères à soupe d'huile à l'ail (voir page 63)
1 cuillère à soupe de coriandre fraîche hachée
poivre noir fraîchement moulu

Portez le bouillon ou l'eau à ébullition dans une grande casserole. Émiettez le cube de bouillon et remuez bien.

Placez le porc haché dans une jatte, ajoutez environ 12 cl de bouillon chaud et mélangez à la fourchette pour défaire la viande.

Incorporez ce mélange dans la casserole, ainsi que le nam pla, et laissez cuire à feu modéré 5 minutes. Ajoutez le tapioca et laissez cuire encore 15 minutes. Ajoutez le crabe et remuez bien.

Garnissez la soupière de feuilles de laitue et versez le bouillon par dessus. Ajoutez l'huile à l'ail, la coriandre hachée et assaisonnez avec le poivre. Servez immédiatement.

Soupe aux fruits de mer

Poah Tag

4 feuilles de makrut
75 cl de bouillon de poule ou d'eau
1 cuillère à coupe de pâte de curry rouge (voir page 63)
1 cuillère à café de sel
2 cuillères à soupe de nam pla
4 feuilles de citronnelle hachées
5 tranches de galanga coupées en fines lamelles
100 g de filet de cabillaud
100 g de crevettes crues (voir page 63)
100 g de pinces de crabe
100 g de calamar (voir page 63)
100 g de moules décortiquées
2 piments thaïlandais écrasés
2 cuillères à soupe de jus de citron

Pour décorer :
1 cuillère à soupe de menthe fraîche hachée fin
1 cuillère à soupe de coriandre fraîche hachée fin

Retirez la nervure centrale des feuilles de makrut pour les diviser en deux. Mettez-les de côté.

Mélangez 2 cuillères de bouillon avec la pâte de curry dans une petite casserole. Faites chauffer en remuant jusqu'à ce que vous obteniez une sauce. Gardez-la au chaud. Portez le reste du bouillon à ébullition dans une grande casserole. En remuant, ajoutez le sel, le nam pla, la citronnelle, les feuilles de makrut et la galanga.

Ajoutez le poisson et les fruits de mer, portez à ébullition et baissez légèrement le feu. Laissez cuire 5 minutes.

Versez la sauce au curry, les piments et le jus de citron en remuant, et transférez le tout dans une soupière. Garnissez de menthe et de coriandre et servez immédiatement.

Poissons et fruits de mer

La cuisine thaïlandaise comprend de nombreux plats à base de poisson et de fruits de mer, ce qui n'est pas étonnant lorsqu'on considère les eaux tièdes du golfe du Siam, riches en poisson, et la longueur de la côte. Les crevettes, les calamars et les fruits de mer abondent, c'est pourquoi ce chapitre contient plusieurs recettes inoubliables à base de fruits de mer. Bien que de nombreux poissons utilisés en Thaïlande n'existent pas dans les mers occidentales, les recettes imaginatives que nous verrons par la suite s'adaptent à toutes sortes de poissons.

Comme c'est le cas dans la plupart des pays du Sud-Est asiatique, la viande et le poisson se mélangent librement dans les plats car leurs parfums se complètent particulièrement bien. Et c'est pourquoi le nam pla — sauce au poisson — est utilisé avec la viande, la volaille et le gibier. Le porc, en particulier, apparaît dans plusieurs recettes de ce chapitre.

Crevettes au curry

Gung Rard Prig

8 crevettes géantes crues (voir page 63)
1 cuillère à café de pâte d'ail (voir page 62)
huile à friture
3 cuillères à soupe d'huile
1 cuillère à soupe de pâte de curry rouge (voir page 63)
1 cuillère à soupe de nam pla
1 1/2 cuillère à soupe de sucre
1 cuillère à soupe de crevettes séchées moulues

Pour décorer :
1 cuillère à café de feuilles de makrut hachées fin
1 cuillère à café de piments rouges hachés fin

Mélangez les crevettes avec la pâte d'ail en remuant bien. Couvrez et laissez mariner 10 à 15 minutes.

Faites chauffer de l'huile dans un wok ou une friteuse et jetez-y les crevettes. Laissez cuire jusqu'à ce qu'elles dorent. Sortez-les et égouttez-les sur du papier absorbant. Transférez-les dans un plat de service et gardez-les au chaud.

Pour la sauce, faites chauffer l'huile dans une poêle. Ajoutez la pâte de curry et laissez cuire 2 minutes en remuant. Ajoutez le nam pla, le sucre, les crevettes séchées et faites cuire, en remuant sans cesse, encore 2 minutes.

Versez la sauce sur les crevettes, décorez de feuilles de makrut et de piments hachés, et servez immédiatement.

Variante : vous pouvez remplacer les crevettes par une daurade, un rouget ou un maquereau de taille moyenne. Incisez le poisson en deux ou trois endroits pour lui permettre d'absorber la marinade.

Crevettes aux brocolis, beignets de fruits de mer

Beignets de fruits de mer

Gung Pla Choob Pang Tod

1 cuillère à café de pâte d'ail (voir page 62)
1 cuillère à café de nam pla
100 g de poisson ou de coquillages variés (voir note)
18 cl de pâte à beignets (voir page 62)
huile à friture
8 haricots verts
1 gros poivron nettoyé et coupé en 8 morceaux
1 grosse carotte coupée en quatre dans la longueur
4 épis de maïs nains
sauce aux prunes pour servir (voir page 62)

Mélangez la pâte d'ail avec le nam pla dans un plat creux. Ajoutez le poisson ou les coquillages, et laissez mariner 5 minutes.

Préparez la pâte à beignets dans un bol moyen. Faites chauffer de l'huile dans un wok ou une friteuse.

Trempez les légumes un à un dans la pâte, et jetez-les dans la friture pour qu'ils gonflent et dorent. Égouttez-les sur du papier absorbant.

Faites cuire le poisson ou les coquillages marinés de la même façon, mais par petites quantités. Transférez dans un plat de service et servez immédiatement avec la sauce aux prunes.

Note : les filets de poisson doivent être coupés en tranches de 1 cm d'épaisseur, le calamar coupé en anneaux de 1 cm. Les pattes de crabe doivent être décortiquées.

Crevettes aux brocolis

Gung Bhud Brocoli Nam Mun Hoi

2 cuillères à soupe d'huile végétale
1-2 gousses d'ail écrasées
100 g de crevettes crues (voir page 63)
1/2 cuillère à café de poivre noir fraîchement moulu
1 cuillère à soupe de sauce d'huîtres
100 g de brocolis émincés
4 cuillères à soupe de court-bouillon de légumes ou d'eau

Faites chauffer l'huile dans un wok et faites dorer l'ail. Incorporez les crevettes, le poivre et la sauce d'huîtres. Laissez cuire en remuant 2 minutes.

Ajoutez les brocolis et le bouillon, et faites cuire encore 3 minutes. Servez chaud avec du riz cuit à l'eau.

Variante : vous pouvez utiliser du filet de bœuf au lieu des crevettes. En Thaïlande, ce plat est souvent confectionné à partir des légumes seuls, et servi avec la viande et le poisson.

Crevettes aux vermicelles

Gung Ob Moh Din

100 g de poitrine de porc ou 6 tranches de lard maigre découennées, hachées
3 brins de coriandre
3 gousses d'ail, légèrement écrasées
1 morceau de gingembre de 5 cm haché
1 cuillère à soupe de grains de poivre noir
100 g de vermicelles de soja trempés à l'eau tiède et coupés sur 1 cm de longueur
2 piments rouges hachés
8 crevettes géantes crues (voir page 63)
1 cuillère à soupe de sauce d'huîtres
25 cl de bouillon de poulet ou d'eau

Garnissez le fond d'une cocotte de poitrine ou de lard. Éparpillez la coriandre, l'ail, le gingembre et les grains de poivre par dessus, et ajoutez une couche de vermicelles et de piment.

Disposez les crevettes sur les vermicelles, et arrosez de sauce d'huîtres. Versez le bouillon, sans déplacer les crevettes, couvrez et laissez cuire à feu vif 15 minutes. Servez immédiatement.

Crabes farcis

Bhou Jah

4 carapaces de crabe lavées et essuyées
2 cuillères à soupe de coriandre fraîche hachée
piment rouge émincé
2 œufs
huile à friture
sauce aux piments ou nam pla pour accompagner

Farce :
75 g de crabe
75 g de crevettes crues émincées (voir page 63)
225 g de porc haché
1 œuf
1 cuillère à soupe de pâte d'ail (voir page 62)
1 cuillère à soupe de nam pla
1 cuillère à soupe de sauce de soja

Pour la farce, mélangez le crabe, les crevettes et le porc dans un petit saladier. Incorporez l'œuf, le pâte d'ail, le nam pla et la sauce de soja.

Garnissez les carapaces de ce mélange et placez-les dans le panier d'une cocotte à vapeur. Éparpillez la coriandre et le piment au-dessus.

Faites cuire à la vapeur 15 minutes. Laissez refroidir.

Battez les œufs dans un bol peu profond. Faites chauffer de l'huile dans un wok ou une friteuse. Trempez chaque crabe, côté farci vers le bas, dans l'œuf battu et jetez dans la friteuse. Laissez cuire 1 à 2 minutes. Sortez les crabes, égouttez-les sur du papier absorbant et transférez-les sur un plat de service. Accompagnez de sauce aux piments ou de nam pla.

Calamars farcis

Pla Mhouk Sord Sai

16 petits calamars (voir page 63)
200 g de porc haché
1/2 cuillère à café de pâte d'ail (voir page 62)
1 cuillère à soupe de nam pla
1 œuf battu
25 g de chapelure
huile à friture
sauce aux piments pour accompagner

Préparez les calamars en conservant les têtes.

Mélangez dans une jatte le porc avec la pâte d'ail et le nam pla. Remplissez chaque calamar de cette farce et remettez les têtes en place, en les fixant avec des bâtonnets en bois.

Percez la peau de chaque calamar en deux ou trois endroits autour de la queue, pour laisser l'air passer pendant la cuisson.

Disposez les calamars farcis dans le panier d'une cocotte à vapeur et faites cuire 10 minutes. Laissez refroidir, puis enlevez les bâtonnets. Versez l'œuf battu dans une assiette et la chapelure dans une autre. Faites chauffer l'huile dans un wok ou une friteuse. Trempez les calamars farcis dans l'œuf, puis dans la chapelure, et faites-les frire jusqu'à ce qu'ils deviennent croquants. Égouttez-les sur du papier absorbant et servez avec de la sauce aux piments.

Beignets de poisson épicés

Tod Mun Pla

500 g de filets de cabillaud, nettoyés et coupés en morceaux
3 cuillères à soupe de pâte de curry rouge (voir page 63)
1 œuf
3 cuillères à soupe de nam pla
75 g de haricots verts hachés fin
1 cuillère à soupe de feuilles de makrut hachées fin
huile à friture

Hachez fin le poisson et la pâte de curry dans un mixeur ou un mortier. Mettez ce mélange dans une jatte et ajoutez l'œuf et le nam pla. Malaxez à la main pour affermir le mélange. Incorporez les haricots et les feuilles de makrut de la même façon.

Formez 16 à 20 boulettes et aplatissez-les sur une épaisseur d'environ 1 cm. Faites chauffer de l'huile dans une grande poêle et jetez-y les beignets de poisson. Laissez-les cuire 4 à 5 minutes de chaque côté à feu moyen.

Égouttez les beignets sur du papier absorbant et transférez-les sur un plat de service. Servez chaud avec une salade de concombres (voir page 53), agrémentée de quelques cacahuètes grillées et broyées, le tout assaisonné de sauce aux piments.

Crabes farcis, beignets de poisson épicés

Poisson à l'ail

Pla Tod Kra Tium Prig Tai

1 poisson entier de taille moyenne
(mulet, sole ou daurade) nettoyé
huile à friture
3 cuillères à soupe d'huile
2 cuillères à soupe de pâte d'ail (voir page 62)
2 cuillères à soupe de nam pla
1 cuillère à café de sucre
2 branches de céleri coupées en morceaux
feuilles de coriandre pour la garniture

Séchez le poisson dans du papier absorbant. Faites chauffer l'huile dans un wok ou une friteuse et jetez-y le poisson. Laissez dorer le poisson 10-15 minutes. Sortez-le soigneusement de l'huile et égouttez-le sur du papier absorbant.

Pendant ce temps, faites chauffer l'huile dans une casserole assez grande pour contenir le poisson en entier. Faites revenir la pâte d'ail jusqu'à ce qu'elle change de couleur. Incorporez le nam pla et le sucre. Posez le poisson dans la casserole en le retournant plusieurs fois jusqu'à ce qu'il soit bien enrobé.

Transférez le poisson dans un plat de service et gardez-le au chaud. Ajoutez le céleri à la sauce dans la casserole et laissez cuire 2 minutes, puis versez sur le poisson. Décorez de feuilles de coriandre.

Variante : il est possible d'utiliser des crevettes, des calamars, du porc ou du poulet. Ajoutez une cuillère à soupe de pâte d'ail, une cuillère à soupe de nam pla et 1/2 cuillère à café de sucre dans un plat creux pour 225 g de viande ou de fruits de mer. Laissez mariner 10 minutes et faites cuire sous un gril ou au barbecue.

Poisson au tamarin

Pla Rard Prig

1 daurade ou sole moyenne, entière
huile à friture

Sauce au tamarin :
3 cuillères à soupe d'huile végétale
2-3 gousses d'ail, écrasées
1-2 piments, hachés fin
12 cl de jus de tamarin (voir page 62)
1 cuillère à soupe de nam pla
3 cuillères à soupe de sucre roux

Décoration :
coriandre fraîche
piment découpé en lamelles

Poisson grillé

Séchez le poisson dans du papier absorbant. Faites chauffer de l'huile dans un wok ou une friteuse et jetez-y le poisson. Laissez dorer 10-15 minutes. Sortez soigneusement le poisson de l'huile et égouttez-le sur du papier absorbant. Disposez-le sur un plat de service et gardez au chaud.

Pour la sauce, faites chauffer l'huile dans une petite casserole, ajoutez l'ail et les piments, et faites revenir 2 minutes. Ajoutez le jus de tamarin, le nam pla et le sucre roux ; amenez à ébullition. Laissez bouillir 3 minutes en remuant sans cesse.

Versez le sauce sur le poisson et décorez de coriandre et de piment.

Poisson à la vapeur

Pla Pah Sah

1 mulet entier nettoyé
2 prunes au jus avec 2 cuillères à soupe de jus
2 cuillères à soupe de racine de gingembre râpée
40 g de chou râpé
2 branches de céleri coupées en morceaux
3 ciboules
1 piment rouge râpé
2 gousses d'ail au vinaigre, avec 2 cuillères de jus
25 cl de court-bouillon ou d'eau
zestes de citron pour décorer

Disposez le poisson sur le panier d'une cocotte à vapeur, arête au-dessus. Avec une aiguille, percez le poisson sur tout le dos. Ouvrez les prunes et disposez-les dessus. Arrosez de jus. Faites cuire 15 minutes.

Pendant ce temps, mélangez le gingembre, le chou, le céleri, les oignons verts et le piment dans une casserole. Écrasez les gousses d'ail au vinaigre et incorporez-les au mélange avec deux cuillères de leur jus et le court-bouillon.

Portez le mélange à ébullition et versez-le sur le poisson. Laissez cuire à la vapeur 10 minutes de plus.

Servez chaud, garni de lamelles de citron.

Note : en Thaïlande, les plats sont fréquemment cuits à la vapeur, dans un plat spécial appelé pah sah sur un fourneau à charbon.

Poisson grillé

Pla Bhao

1 mulet moyen nettoyé
1/2 cuillère à soupe de pâte d'ail (voir page 62)
1/2 oignon moyen haché
5 champignons parfumés, préparés et coupés en lamelles
2 cuillères à soupe de racine de gingembre râpé
1 branche de céleri
1 cuillère à café de poivre noir fraîchement moulu
1 cuillère à soupe de tao chiew
1 cuillère à soupe de sauce d'huîtres
25 cl de court-bouillon ou d'eau

Pour servir :
1 laitue séparée en feuilles
3 tranches de citron

Incisez la peau du poisson en deux ou trois endroits avec un couteau pointu. Frottez avec la pâte d'ail en pressant bien contre les incisions. Transférez dans un plat creux.

Dans une jatte, mélangez les autres ingrédients et versez-les sur le poisson. Faites cuire sous un gril préchauffé 20 minutes, en retournant à mi-cuisson.

Transférez soigneusement le poisson sur un lit de laitue, arrosez-le de sauce et décorez de tranches de citron. Servez immédiatement.

Note : ce plat est tout aussi délicieux cuit au barbecue. Incisez le poisson comme indiqué et placez-le dans une feuille d'aluminium assez grande pour contenir le poisson tout entier. Frottez-le avec une cuillère de pâte d'ail, arrosez-le d'une cuillère de sauce d'huîtres, et repliez la feuille pour le recouvrir totalement. Comptez 10 minutes par 500 g. Servez avec une sauce au citron : 2 cuillères à soupe de jus de citron, 1 1/2 cuillère à café de nam pla, 2 gousses d'ail écrasées, 2 piments thaïlandais écrasés et 1/2 cuillère à café de coriandre fraîche hachée.

Poisson au gingembre

Pla Jian

2 mulets ou maquereaux moyens nettoyés
huile à friture
2 cuillères à soupe d'huile
2 gousses d'ail écrasées
2 cuillères à soupe de racine de gingembre râpée
1 cuillère à soupe de tao chiew
1 cuillère à soupe de sucre
1 cuillère à café de nam pla
1/2 cuillère à café de poivre noir fraîchement moulu
25 cl de court-bouillon ou d'eau
5 ciboules émincées

Pour décorer :
coriandre fraîche
piment rouge émincé

Coupez le poisson en gros morceaux et séchez dans du papier absorbant. Faites chauffer l'huile dans un wok ou une friteuse, et jetez-y le poisson. Laissez dorer 10 à 15 minutes. Sortez le poisson avec une écumoire et égouttez-le sur du papier absorbant.

Faites chauffer l'huile dans une casserole assez large pour contenir les morceaux de poisson en une seule couche. Faites-y revenir l'ail jusqu'à ce qu'il dore légèrement. Ajoutez ensuite le gingembre, le tao chiew, le sucre, le nam pla et le poivre, et remuez bien.

Versez le court-bouillon et amenez le liquide à ébullition. Ajoutez le poisson frit et les ciboules, baissez le feu et laissez mijoter 10 minutes.

Servez chaud, décoré de feuilles de coriandre et de lamelles de piment.

Poisson au curry

Kang Som Pla

35 cl d'eau
150 g de filet de cabillaud émincé
2 cuillères à soupe de nam pla
1 cuillère à soupe de sucre
2 cuillères à soupe de jus de tamarin (voir page 62) ou de citron
175 g de légumes (voir note)

Pâte Kang som :
6 piments rouges frais ou secs, épépinés et émincés
3 cuillères à soupe de sel
1 cuillère à soupe d'échalotes hachées
2/3 cuillère à soupe de kapee (beurre de crevette)

Commencez par préparer la pâte Kang som. Si vous utilisez des piments secs, laissez-les tremper 10 minutes dans de l'eau froide, et pressez-les pour en extraire la plus grande quantité de liquide possible. Placez-les dans un mortier avec le sel et pilez-les pour obtenir une pâte. Ajoutez les échalotes et le kapee, et continuez à piler pour obtenir une pâte onctueuse.

Faites bouillir l'eau dans une casserole moyenne. Ajoutez la moitié du poisson, baissez le feu et laissez mijoter 5 minutes.

Transférez le poisson dans un mixeur à l'aide d'une écumoire. Ajoutez la pâte Kang som et mixez pour obtenir une pâte épaisse et onctueuse. Il est également possible de piler le mélange dans un mortier.

Placez la pâte de poisson dans la casserole lavée et séchée, et faites bouillir à feu modéré. Ajoutez le nam pla, le sucre et le jus de tamarin ou de citron.

Incorporez les légumes et le reste du poisson en remuant bien, couvrez et laissez mijoter 10 minutes. Servez immédiatement.

Note : les courgettes et haricots verts sont particulièrement indiqués pour ce curry.

Variante : vous pouvez remplacer les filets de cabillaud par des crevettes décortiquées (voir page 63).

Crabe au curry

Poo Bhud Bhong Ka Rhee

1 crabe cuit (450 g) ou 250 g de crabe en boîte
1 cuillère à café de poudre de curry
25 cl d'eau
4 ciboules coupées en morceaux de 4 cm de longueur
2 piments rouges épépinés et coupés en lamelles
1 1/2 cuillère à café de sucre
1 cuillère à soupe de vin blanc
1/2 cuillère à café de sel
1/4 cuillère à café de poivre noir fraîchement moulu
1 œuf
1 cuillère à soupe de crème

Pour préparer le crabe, retirez toute la chair de la carapace, et aussi des pattes et des pinces ; coupez le tout en petits morceaux.

Mélangez la poudre de curry et l'eau dans une casserole moyenne, et portez le mélange à ébullition.

Incorporez la chair de crabe, laissez bouillir, puis ajoutez les ciboules, le piment en lamelles, le sucre, le vin, le sel et le poivre. Baissez le feu et laissez mijoter 10 minutes.

Pendant ce temps, mélangez l'œuf et la crème dans un petit bol. Remuez bien, incorporez 2 cuillères de sauce au curry en battant et versez ce mélange dans la casserole. Laissez cuire 1 minute en remuant, puis transférez dans une jatte de service et servez immédiatement.

Poisson au curry, poisson au gingembre

Poisson au tamarin et au gingembre

Tom Som Pla

2 mulets ou maquereaux de taille moyenne nettoyés
4 échalotes grises hachées ou 4 cuillères à soupe d'oignons hachés
1 cuillère à soupe de kapee (beurre de crevettes)
1 cuillère à café de poivre fraîchement moulu
75 cl d'eau
2 cuillères à soupe de racine de gingembre lavée et râpée
2 cuillères à soupe de jus de tamarin (voir page 62)
4 cuillères à soupe de nam pla
3 cuillères à soupe de sucre roux
4 ciboules hachées

Enlevez la tête de chaque poisson et coupez les poissons en deux.

Écrasez les échalotes ou les oignons dans un mortier avec le kapee et le poivre, de façon à obtenir une pâte. Versez-la dans une grande casserole avec l'eau et portez le mélange à ébullition.

Ajoutez le poisson, le gingembre, le jus de tamarin, le nam pla, le sucre roux et les ciboules. Baissez le feu et laissez mijoter 20 minutes. Servez chaud.

Viande et volailles

La cuisine thaïlandaise évoque parfois les meilleures traditions chinoises et indiennes. La Thaïlande est située à mi-chemin entre ces deux pays, et les plats décrits dans ce chapitre rappellent bien ces deux cuisines : les couleurs vives, les textures croustillantes et la fraîcheur des parfums des premiers plats évoquent la Chine, tandis que les textures épicées, voluptueuses et riches des plats au curry suggèrent l'Inde. Ce point de vue omet pourtant les ingrédients personnels à la cuisine thaïlandaise : l'usage du poisson, du citron et de la noix de coco avec la viande, l'emploi des herbes plutôt que des épices, qui ont tous un caractère authentiquement thaïlandais.

Poulet aux noix de cajou

Gai Bhud Med Ma Maung

3 1/2 cuillères à soupe d'huile
1/2 cuillère à soupe de piments rouges secs
1 petite gousse d'ail écrasée
100 g de blanc de poulet sans la peau, émincé
1/4 cuillère à café de poivre noir fraîchement moulu
1 cuillère à soupe de nam pla
1 cuillère à café de sucre
1 tranche d'ananas coupée en morceaux
4 ciboules coupées en morceaux
2 cuillères à soupe de poivron vert coupé en morceaux
100 g de noix de cajou

Dans une petite poêle, faites chauffer 1/2 cuillère d'huile et faites revenir les piments 1 minute. Égouttez-les sur du papier absorbant.

Faites chauffer le reste de l'huile dans un wok, et faites dorer l'ail. Ajoutez le poulet, le poivre, le nam pla et le sucre ; tournez constamment 6 à 8 minutes.

Ajoutez l'ananas, les ciboules et le poivron, et laissez cuire en remuant encore 2 minutes. Incorporez les noix de cajou et les piments en remuant rapidement.

Poulet grillé Sala Thai

Gai Yang

8 pilons de poulet
2 cuillères à soupe de pâte d'ail (voir page 62)
1 cuillère à café de sel
2 cuillères à soupe de sauce de soja brune
3 cuillères à soupe de miel
2 cuillères à café de gingembre en poudre
1 cuillère à soupe de sauce d'huîtres

Placez les pilons de poulet sur une planche à découper et piquez-les sur toute leur surface. Mélangez les autres ingrédients dans un plat creux assez grand, posez-y les pilons et retournez-les pour bien les enrober. Couvrez et laissez mariner au moins 2 heures.

Faites griller les pilons au barbecue à chaleur moyenne 30 minutes, en les tournant à mi-cuisson. Vous pouvez également les cuire sous un gril. Servez immédiatement.

Note : en Thaïlande, ce plat est généralement servi avec du riz gluant cuit à la vapeur et une salade aigre-douce thaïlandaise (voir page 51).

Poulet au maïs, poulet grillé Sala Thai accompagné de salade thaïlandaise aigre-douce

Poulet au maïs

Bhud Khow Pode Orn

2 cuillères à soupe d'huile
1 petite gousse d'ail, écrasée
100 g de blanc de poulet sans la peau, émincé fin
1/4 cuillère à café de poivre noir fraîchement moulu
1 cuillère à soupe de nam pla
1/2 cuillère à café de sucre
2 tranches d'ananas en boîte, coupées en morceaux, avec 2 cuillères à soupe de jus
3 ciboules hachées
100 g d'épis de maïs nains
4 cuillères à soupe de bouillon de poule ou d'eau

Faites chauffer l'huile dans un wok. Faites dorer l'ail 30 secondes. Ajoutez le poulet, le poivre, le nam pla, le sucre, l'ananas et le jus en remuant constamment.

Incorporez les ciboules, les épis de maïs et le bouillon, et laissez cuire 5 minutes. Servez chaud, avec du riz cuit à l'eau.

Variante : vous pouvez remplacer le poulet par des crevettes décortiquées ou du filet de porc coupé en morceaux.

Poulet aux feuilles de theoy

Gai Hoh Bai Theoy

4 cuisses de poulet
1 cuillère à soupe de sauce d'huîtres
1 cuillère à soupe de sauce Maggi
1 cuillère à soupe de pâte d'ail (voir page 62)
1 cuillère à soupe de whisky
feuilles de theoy pour envelopper la farce
huile à friture

Désossez les cuisses de poulet et divisez-les en quatre morceaux. Mélangez la sauce d'huîtres avec la sauce Maggi, la pâte d'ail et le whisky dans un plat creux assez large. Posez-y les morceaux de poulet et retournez-les pour bien les enrober. Couvrez et laissez mariner au moins deux heures.

Enveloppez chaque morceau mariné de feuilles de theoy. Faites chauffer l'huile dans un wok ou une friteuse. Jetez-y les paquets, plusieurs à la fois, et laissez dorer 15 à 20 minutes. Égouttez et servez immédiatement.

Bœuf à la sauce d'huîtres, porc aux piments

Ailes de poulet farcies

Peag Gai Sord Sai

16 ailes de poulet
300 g de poulet haché
100 g de vermicelles de soja, ramollis à l'eau tiède et coupés sur 1 cm de longueur
100 g de châtaignes d'eau en boîte, égouttées et hachées fin
1 cuillère à soupe de pâte d'ail (voir page 62)
1 œuf légèrement battu
2 cuillères à soupe de nam pla
2 cuillères à soupe de sauce de soja

Pour préparer le poulet, enlevez la partie supérieure de chaque aile. Il faut désosser les ailes sans endommager la peau. Découpez la peau autour de l'os avec un petit couteau pointu et sortez-le, ou cassez l'articulation et retirez les os à la main. Retournez l'aile pour sortir les os.

Préparez la farce en mélangeant les autres ingrédients dans une jatte. Introduisez avec précaution un peu de farce dans chaque aile. Disposez-les dans le panier d'une cocotte à vapeur et laissez cuire 20 minutes — en plusieurs lots. Laissez refroidir.

Les ailes de poulet peuvent être utilisées de différentes façons : à la poêle avec de la pâte d'ail ou du nam pla, ou marinées dans la pâte d'ail et le nam pla avant de les cuire au barbecue. Elles sont toutes aussi délicieuses à la poêle, panées avec œuf et chapelure, et servies avec une sauce aigre-douce ou aux piments.

Vous pouvez préparer les ailes de poulet à l'avance et les congeler.

Porc sauce aigre-douce

Bhud Priew Wharn

2 cuillères à soupe d'huile
1 petite gousse d'ail écrasée
100 g de filet de porc émincé fin
1/4 cuillère à café de poivre noir fraîchement moulu
1 cuillère à soupe de nam pla
1 cuillère à café de sucre
1/2 concombre en petits morceaux
3 ciboules hachées
1 tomate moyenne hachée
1 tranche d'ananas en morceaux
1 cuillère à soupe de sauce tomate
4 cuillères à soupe de bouillon de poule ou de légume, ou d'eau

Faites chauffer l'huile dans un wok et mettez-y l'ail à dorer. Ajoutez le porc, le poivre, le nam pla et le sucre. Laissez cuire 6 à 8 minutes.

Incorporez les légumes, ainsi que l'ananas, la sauce tomate et le bouillon. Laissez cuire encore 3 minutes. Servez chaud.

Variante : vous pouvez remplacer le porc par du blanc de poulet et des crevettes décortiquées.

Porc aux piments

Bhud Prig-Noh Mai

2 cuillères à soupe d'huile
1 gousse d'ail écrasée
2 piments hachés fin
100 g de filet de porc émincé fin
1/4 cuillère à café de poivre fraîchement moulu
1 cuillère à soupe de nam pla
1/2 cuillère à café de sucre
2 cuillères à soupe d'oignons hachés fin
2 cuillères à soupe de poivrons verts hachés
4 cuillères à soupe de bouillon de poule ou de légumes, ou d'eau
4 cuillères à soupe de feuilles fraîches de basilic

Faites chauffer l'huile dans le wok. Ajoutez l'ail et les piments et faites dorer. Incorporez le porc, le poivre, le nam pla et le sucre en remuant sans cesse.

Ajoutez les oignons, les poivrons verts et le bouillon. Laissez cuire 5 minutes. Ajoutez les feuilles de basilic et laissez cuire encore 1 minute. Servez immédiatement.

Variante : vous pouvez remplacer le porc par du filet de bœuf ou du romsteck, du blanc de poulet ou des crevettes décortiquées.

Bœuf à la sauce d'huîtres

Nauh Bhud Num Mun Hoi Hed

1 cuillère à soupe de sauce d'huîtres
1 cuillère à café de maïzena
1/2 cuillère à café de poivre noir fraîchement moulu
100 g de filet de bœuf émincé fin
2 cuillères à soupe d'huile
1 petite gousse d'ail écrasée
50 g de champignons parfumés, lavés et coupés en lamelles
4 ciboules hachées
4 cuillères à soupe de bouillon de poule ou d'eau

Mélangez la sauce d'huîtres, la maïzena et le poivre dans un plat creux, ajoutez le bœuf et laissez mariner 15 minutes.

Faites chauffer l'huile dans un wok et faites revenir l'ail 30 secondes, en remuant. Ajoutez la viande marinée, et laissez cuire 2 minutes en remuant.

Ajoutez les champignons, les ciboules et le bouillon, et laissez cuire 2 minutes supplémentaires. Servez chaud avec du riz cuit à l'eau.

Variante : ce plat est également délicieux avec des crevettes.

Bœuf à l'ail

Nauh Mhug Prig Tai

500 g de romsteck, découpé en tranches
de 1 cm d'épaisseur
20 grains de poivre moulus grossièrement
1 cuillère à café de sel
1 cuillère à soupe de sauce d'huîtres
1 cuillère à café de sauce Maggi
1 cuillère à café de gingembre moulu
25 g de beurre fondu
1 cuillère à soupe de whisky

Découpez le bœuf en lamelles de 3 × 2 × 1 cm. Placez-les sur une planche à découper et battez-les avec un attendrisseur.

Mélangez les autres ingrédients dans un plat creux assez grand. Disposez les morceaux de bœuf et tournez-les pour bien les enrober. Couvrez et laissez mariner au moins 2 heures.

Faites cuire le bœuf au barbecue à chaleur moyenne 10 à 15 minutes, en retournant les morceaux à mi-cuisson. Vous pouvez aussi les cuire au gril normal. Servez immédiatement avec du nam pla ou une sauce aux piments et une salade verte.

Variante : le bœuf mariné peut aussi être cuit à la poêle dans un peu d'huile.

Bœuf au gingembre

Bhud Khing

100 g de champignons parfumés
ou de champignons noirs
2 cuillères à soupe d'huile
1 gousse d'ail écrasée
100 g de romsteck en tranches fines
2 cuillères à soupe de racine de gingembre lavée
et râpée fin
1 cuillère à soupe de tao chiew
1/4 cuillère à café de poivre fraîchement moulu
1 cuillère à café de sucre
4 ciboules coupées en morceaux de 2 cm de longueur
12 cl de bouillon de poule ou d'eau

Faites tremper les champignons 20 minutes à l'eau bouillante. Égouttez-les et pressez-les pour retirer l'excédent d'eau. Enlevez les pieds et coupez les chapeaux en lamelles.

Faites chauffer l'huile dans un wok. Mettez-y l'ail à dorer, puis ajoutez le bœuf, le gingembre, le tao chiew, le poivre et le sucre en remuant constamment.

Incorporez les champignons, les ciboules et le bouillon, et laissez cuire 5 minutes. Servez immédiatement.

Variante : vous pouvez remplacer le bœuf par du blanc de poulet ou du filet de porc.

Curry aux fonds d'artichauts

Hoh Mhoke

16 artichauts
3 cuillères à soupe de nam pla
300 g de porc haché
50 cl de lait de coco frais
1 cuillère à café de maïzena
3 cuillères à soupe de pâte de curry rouge
(voir page 63)
1 œuf battu
65 g de chou râpé et blanchi
30 g de feuilles de basilic
2 cuillères à soupe de feuilles de coriandre
1 cuillère à soupe de feuilles de makrut hachées fin
1 piment rouge haché fin

En Thaïlande, ce plat est présenté dans des feuilles de bananier. Les fonds d'artichaut sont tout aussi décoratifs : retirez les feuilles du dessous et coupez la tige. Lavez-les à l'eau froide et faites-les cuire à l'eau bouillante 3 à 5 minutes. Égouttez-les et évidez-les.

Mélangez dans un plat creux le nam pla et le porc haché.

Écrémez le lait de coco et mesurez 12 cl de crème ; allongez de lait, si nécessaire. Conservez le reste de lait.

Chauffez la crème de coco dans une petite casserole. Pendant ce temps, versez la maïzena dans une tasse et délayez-la avec une cuillère à café de lait de coco pour former une pâte. Versez la pâte dans la crème de coco et faites bouillir en remuant constamment. Lorsque la crème épaissit, retirez-la du feu et mettez-la de côté.

Dans une grande jatte, mélangez 25 cl du lait de coco mis de côté avec la pâte de curry. Ajoutez la viande marinée en remuant, puis l'œuf, et progressivement le reste de lait de coco.

Mélangez le chou et le basilic, et répartissez sur les fonds d'artichauts. Versez le mélange de curry, et garnissez chacun d'une grosse cuillère à café de crème de coco.

Placez les fonds farcis dans le panier d'une ou deux cocottes à vapeur, en les serrant les uns contre les autres, et disposez dessus la coriandre, les feuilles de makrut et le piment rouge.

Faites cuire à la vapeur 30 minutes. Transférez sur un plat de service et servez immédiatement.

Variante : vous pouvez remplacer le porc par du poulet en fines lamelles ou du poisson haché. Vous obtiendrez aussi d'excellents résultats avec un mélange de poisson et de fruits de mer. Si vous choisissez le poisson ou les fruits de mer, ajoutez une cuillère à café de racine de krachai hachée à la pâte de curry rouge.

Curry aux fonds d'artichauts

Poulet au curry

Kang Ka Rhee Gai

2 cuillères à soupe d'huile
4 pilons de poulet
5 échalotes ou un gros oignon, hachés fin
2 cuillères à soupe de farine
2 cuillères à soupe de poudre de curry
50 cl de lait de coco (voir page 63)
2 carottes émincées
4 pommes de terre en dés
1 cuillère à soupe de nam pla
1/2 cuillère à café de sucre
2 piments rouges épépinés et coupés en lamelles
1 cuillère à café de sel

Faites chauffer l'huile dans une grande poêle, et mettez-y le poulet à dorer sur toutes ses faces 5 minutes. Sortez-le et mettez-le de côté.

Ajoutez les échalotes dans l'huile restant dans la poêle, et faites-les dorer 2 minutes en remuant.

Ajoutez la farine et la poudre de curry, laissez cuire 1 minute, puis ajoutez progressivement le lait de coco. Portez à ébullition en remuant constamment.

Remettez le poulet dans la poêle, et incorporez les carottes et les pommes de terre. Ajoutez le nam pla, le sucre, les lamelles de piment et le sel. Baissez le feu et laissez mijoter 20 minutes, en remuant occasionnellement. Servez immédiatement.

Poulet au curry matsaman

Kang Matsaman Gai

12 cl d'huile
8 pilons de poulet
75 cl de lait de coco (voir page 63)
3 cuillères à soupe de pâte de curry matsaman
6 pommes de terre nouvelles, frottées ou épluchées
2 oignons coupés en quatre
1 cuillère à café de jus de citron
3 cuillères à soupe de nam pla
1 cuillère à soupe de sucre
50 g de cacahuètes grillées

Faites chauffer l'huile dans une grande casserole. Ajoutez le poulet et faites-le dorer 5 minutes. Versez le lait de coco dans la casserole et portez à ébullition. Incorporez la pâte de curry. Baissez le feu et laissez mijoter 1 heure.

Incorporez les autres ingrédients, couvrez et laissez mijoter 20 minutes. Servez immédiatement.

Variante : vous pouvez remplacer le poulet par 1 kg de ragoût de bœuf.

Porc au curry rouge

Kang Bhed Dang Mhoo

1 cuillère à soupe d'huile
2 cuillères à soupe de pâte de curry rouge (voir page 63)
225 g de filet de porc émincé fin
60 cl de lait de coco (voir page 63)
1 aubergine moyenne coupée en tranches
2 feuilles de makrut
2 cuillères à soupe de nam pla
1 cuillère à café de sucre
2 poivrons verts nettoyés et émincés
2 branches de basilic frais

Faites chauffer l'huile dans une grande casserole à feu modéré. Ajoutez la pâte de curry et laissez cuire 1 minute en remuant. Incorporez le porc et poursuivez la cuisson 15 minutes.

Versez le lait de coco et portez à ébullition. Ajoutez l'aubergine, les feuilles de makrut, le nam pla et le sucre, et baissez le feu. Laissez mijoter 15 minutes. Avant de servir, ajoutez poivrons et basilic.

Porc et haricots au curry rouge, poulet au curry matsaman

Bœuf au curry rouge

Kang Panag Nua

275 g de bourguignon émincé fin
1 cuillère à soupe d'huile
2 cuillères à soupe de pâte de curry rouge au makrut (voir variante 2 page 63)
20 cl de lait de coco (voir page 63)
2 feuilles de makrut
1 cuillère à soupe de nam pla
1 cuillère à soupe de sucre
2 poivrons verts, nettoyés et coupés en rondelles
2 branches de basilic frais

Placez le bœuf dans une casserole moyenne. Couvrez d'eau et faites bouillir. Baissez le feu et laissez mijoter 1 à 2 heures, en écumant ; la viande doit être tendre. Sortez-la et mettez-la de côté.

Faites chauffer l'huile dans une grande casserole à feu moyen. Faites-y revenir la pâte de curry 1 minute. Versez 2 cuillères à soupe de lait de coco et laissez cuire 5 minutes en remuant sans cesse.

Ajoutez le bœuf cuit, les feuilles de makrut, le nam pla, le sucre et le reste de lait de coco, et portez à ébullition. Baissez le feu et laissez mijoter 15 minutes en remuant de temps en temps. Juste avant de servir, ajoutez poivrons et basilic.

Variante : vous pouvez remplacer le bœuf par du blanc de poulet ou du filet de porc en lamelles. Dans ce cas, il n'est pas nécessaire de précuire la viande.

Porc et haricots au curry rouge

Bhud Prig-Khing Mhoo

175 g de haricots verts (ou de haricots d'Espagne) coupés en morceaux de 2 cm
2 cuillères à soupe d'huile
275 g de filet de porc émincé
2 cuillères à soupe de pâte de curry rouge aux crevettes (voir variante 3, page 63)
1 cuillère à soupe de nam pla
1 cuillère à soupe de cassonade

Placez les haricots dans une casserole moyenne. Couvrez-les d'eau et portez à ébullition. Laissez cuire 5 minutes, puis égouttez-les.

Faites chauffer l'huile dans un wok, ajoutez le porc et laissez-le cuire 15 minutes. Transférez-le sur un plat.

Versez la pâte de curry dans l'huile qui reste dans la casserole et laissez cuire 2 minutes avant d'ajouter le porc, le nam pla, le sucre et les haricots. Laissez cuire 15 minutes et servez chaud.

Poulet au curry et légumes

Kang Pah Gai

3 cuillères à soupe d'huile
2 cuillères à soupe de pâte de curry rouge (voir page 63)
275 g de blanc de poulet émincé fin
4 cuillères à soupe de nam pla
3 feuilles de makrut
5 racines de krachai hachées fin
60 cl d'eau
3 petites aubergines, coupées en petits morceaux
1 pousse de bambou de 100 g émincée
2 piments verts, épépinés et émincés
2 branches de basilic frais

Chauffez l'huile dans une grande casserole à chaleur modérée. Ajoutez la pâte de curry et laissez cuire 1 minute.

Incorporez le poulet, le nam pla, les feuilles de makrut et les racines de krachai, et laissez cuire 5 minutes.

Versez l'eau et portez à ébullition, puis baissez le feu. Ajoutez les aubergines et les pousses de bambou. Remuez bien. Laissez mijoter 10 minutes en remuant de temps en temps. Juste avant de servir, ajoutez piments et basilic.

Œufs, riz et nouilles

Les œufs, onctueux et crémeux, complètent admirablement bien les parfums épicés et amers caractérisant la cuisine thaïlandaise. Vous découvrirez ici une variété de plats à base d'œufs, dont plusieurs sont assez copieux pour former un repas complet.

Comme pour la plus grande partie de l'Asie, les nouilles et le riz constituent la base de l'alimentation thaïlandaise. Les nouilles sont réservées aux en-cas et repas rapides, tandis que le riz figure invariablement au menu des repas plus importants. Les plats à base de riz décrits ici constituent tous des « spécialités » — et certains d'entre eux forment aussi des repas complets, mais il ne faut pas pour autant ignorer le riz cuit à l'eau, car c'est de loin le meilleur accompagnement pour les plats à base de viande et de poisson.

Œufs durs au tamarin

Khai Loog Kheoy

1 cuillère à café de vinaigre
6 œufs
1/2 - 1 cuillère à soupe de piments rouges secs (facultatif)
4 cuillères à soupe d'huile (plus 1/2 cuillère à soupe pour faire revenir les piments)
4 échalotes roses hachées fin
12 cl de sauce au tamarin (voir page 62)
2 cuillères à café de sauce de soja noire

Faites bouillir une casserole d'eau. Versez-y le vinaigre, baissez le feu et ajoutez avec précaution les œufs. Laissez frémir 5 minutes, puis égouttez et rincez à l'eau courante pour les faire refroidir. Écalez-les avec précaution et mettez-les de côté.

Si vous utilisez des piments, faites chauffer 1/2 cuillère d'huile dans une petite poêle et jetez-y les piments. Laissez-les dorer. Égouttez-les sur du papier absorbant et mettez-les de côté.

Faites chauffer le reste de l'huile dans une grande poêle. Ajoutez les œufs et remuez constamment jusqu'à ce qu'ils dorent. Retirez-les un à un et laissez-les égoutter sur du papier absorbant.

Faites dorer les échalotes dans l'huile restant dans la poêle. Transférez-les dans un autre plat et gardez-les au chaud.

Gardez uniquement 2 cuillères à soupe d'huile dans la poêle. Ajoutez la sauce au tamarin et la sauce de soja. Faites bouillir jusqu'à ce que le mélange épaississe.

Pendant ce temps, coupez les œufs en quatre et disposez-les sur un plat de service. Arrosez-les de sauce au tamarin et saupoudrez-les d'échalotes et de piments. Servez immédiatement.

Œufs durs au tamarin, omelette farcie

Omelette farcie

Kai yud sai

3 cuillères à soupe d'huile
1 gousse d'ail écrasée
100 g de porc haché
poivre fraîchement moulu
1 cuillère à soupe de nam pla
1/2 cuillère à soupe de sucre
100 g d'oignons hachés fin
1 tomate moyenne hachée
3 œufs battus

Pour décorer :
feuilles de coriandre

Dans une casserole, faites chauffer deux cuillères d'huile. Faites-y dorer l'ail. Ajoutez ensuite le porc haché, le poivre, le nam pla, le sucre, l'oignon et la tomate, et laissez cuire 10 minutes en remuant.

Faites chauffer le reste d'huile dans un wok et tournez pour que l'huile couvre toute la surface. Videz l'excédent. Versez les œufs battus et répartissez-les sur toute la surface du wok.

Disposez la farce au milieu de l'omelette et repliez-la. Transférez sur un plat de service. Décorez de feuilles de coriandre et servez immédiatement.

Œufs frits en sauce

Khai Dao Rad Nah

3 cuillères à soupe d'huile
100 g de porc haché
1 petite gousse d'ail écrasée
1/2 oignon moyen, haché fin
1 carotte coupée en cubes
1 cuillère à soupe de sauce de soja
1 cuillère à café de sucre
2 cuillères à soupe de ketchup
1/2 cuillère à café de sel
1/2 cuillère à café de poivre fraîchement moulu
12 cl d'eau
1 cuillère à soupe de coriandre fraîche hachée
4 œufs

Faites chauffer une cuillère d'huile dans une grande poêle. Faites dorer le porc en remuant 3 minutes, puis ajoutez l'ail, l'oignon et la carotte. Laissez cuire encore 3 minutes en remuant. Versez la sauce de soja, le sucre, le ketchup, le sel et le poivre, puis ajoutez l'eau progressivement pour obtenir une sauce épaisse. Portez le mélange à ébullition et laissez mijoter 5 minutes. Retirez la poêle du feu et couvrez-la.

Faites chauffer le reste de l'huile dans une autre grande poêle et faites-y frire les œufs. Transférez-les sur un plat et recouvrez-les de sauce à la cuillère. Servez immédiatement, après avoir décoré de coriandre hachée.

Riz croquant en sauce, riz à l'ananas

Œufs et porc haché

Khai Tune

2 œufs
100 g de porc haché
1 petit oignon haché fin
1/2 cuillère à café de poivre noir fraîchement moulu
1 cuillère à café de sel
25 cl d'eau

Pour décorer :
1 cuillère à café de ciboule hachée
1 cuillère à café de coriandre hachée

Cassez les œufs dans un saladier et battez-les jusqu'à ce qu'ils moussent. Incorporez le porc, l'oignon, le poivre, le sel et l'eau. Mélangez bien.

Avec une cuillère, placez le mélange dans un bol à l'épreuve de la chaleur, et disposez ce dernier dans le panier d'une cocotte à vapeur contenant de l'eau bouillante. Laissez cuire 30 minutes.

Servez immédiatement, décoré de ciboule et de coriandre.

Omelette au porc haché

Khai Jiew Moo Sub

2 œufs
100 g de porc haché
1 petit oignon haché fin
1 cuillère à café de pâte d'ail (voir page 62)
1 cuillère à café de coriandre hachée
1/2 cuillère à soupe de nam pla
4 cuillères à soupe d'huile

Mélangez tous les ingrédients, excepté l'huile, dans une jatte en remuant bien.

Faites chauffer l'huile dans une grande poêle à feu modéré, et versez-y le mélange. Inclinez la poêle pour former une omelette, en soulevant les bords avec un couteau ou une spatule pour permettre à l'œuf d'atteindre le fond de la poêle. Dès que le dessous de l'omelette est cuit (au bout de 4 à 5 minutes), retournez-la pour cuire l'autre côté.

Glissez l'omelette dans un plat chaud et servez immédiatement.

Riz frit au porc

Khow Bhud Mhoo

2 cuillères à soupe d'huile
1 gousse d'ail écrasée
150 g de filet de porc émincé
3 cuillères à soupe de sauce de soja claire
2 œufs
2 cuillères à soupe de ketchup
1 cuillère à soupe de sucre
1 petit oignon émincé
750 g de riz cuit (175 g environ de riz cru)

Pour décorer :
1/4 de concombre émincé
1 citron coupé en quartiers
2 cuillères à soupe de coriandre hachée
1 piment rouge épépiné et coupé en lamelles

Faites chauffer l'huile dans un wok et faites dorer l'ail 1 minute.

Ajoutez le porc et une cuillère de sauce de soja claire. Laissez cuire 10 minutes.

Cassez les œufs dans le wok en remuant vivement et laissez cuire 2 minutes. Ajoutez le ketchup, le sucre, le reste de la sauce de soja, l'oignon et le riz. Poursuivez la cuisson 5 minutes en remuant.

Transférez dans un plat creux et décorez de tranches de concombre, de quartiers de citron, de coriandre et de piment. Servez immédiatement.

Variante : vous pouvez remplacer le porc par des crevettes ou du blanc de poulet.

Riz à l'ananas

Khow Bhud Sub-Pa-Rode

4 cuillères à soupe d'huile
1 gousse d'ail écrasée
100 g de jambon coupé en cubes
1 carotte moyenne coupée en cubes
4 cuillères à soupe de raisins secs
1/4 de poivron vert, épépiné et coupé en cubes
1/4 de poivron rouge, épépiné et coupé en cubes
4 cuillères à soupe de nam pla
1 cuillère à soupe de sucre
750 g de riz cuit (175 g environ de riz cru)
1 cuillère à café de poivre noir fraîchement moulu
4 tranches d'ananas, coupées en cubes

Pour décorer :
5 ciboules émincées
4 cuillères à soupe de coriandre hachée

Ce plat à la fois simple et savoureux peut être servi avec des cacahuètes grillées.

Faites chauffer l'huile dans un wok et faites dorer l'ail 1 minute.

Ajoutez le jambon, la carotte, les raisins secs, les poivrons rouge et vert, le nam pla et le sucre, et laissez cuire 5 minutes.

Incorporez ensuite le riz, le poivre et l'ananas, et laissez cuire 5 minutes de plus en remuant sans cesse.

Transférez dans un plat de service et décorez de ciboule et de coriandre avant de servir.

Riz croquant en sauce

Khow tung nah tung

225 g de riz gluant
huile à friture

Sauce :
12 cl de lait de coco (voir page 63)
50 g de porc haché
50 g de crevettes hachées (voir page 63)
1 cuillère de pâte d'ail (voir page 62)
1 1/2 cuillère à soupe de nam pla
1 1/2 cuillère à soupe de sucre
50 g d'oignon haché
50 g de cacahuètes grillées et broyées

Pour décorer :
feuilles de coriandre
lamelles de poivron rouge frites et croquantes

Pour confectionner ce plat, les cuisiniers thaïlandais se servent de la couche collante demeurant au fond de la casserole après cuisson du riz. La recette donnée ici n'est peut-être pas aussi authentique, mais comporte moins de risque.

Placez le riz dans une casserole, couvrez d'eau et faites bouillir jusqu'à ce qu'il soit entièrement cuit et devienne collant. Égouttez-le dans une passoire et répartissez-le en couches aussi fines que possibles sur des plats huilés, en appuyant bien. Laissez-le sécher dans un endroit chaud ou un four (120 °C).

Une fois le riz sec et ferme, décollez-le des plats au moyen d'une spatule et brisez-le en larges morceaux.

Faites chauffer de l'huile et faites dorer le riz, les grains doivent commencer à éclater au bout de 5 secondes. Retirez et égouttez sur du papier absorbant.

Pour confectionner la sauce, versez le lait de coco dans une casserole et portez-le à ébullition. Ajoutez le porc et les crevettes hachées, en remuant à la cuillère en bois pour défaire les grumeaux. Ajoutez la pâte d'ail, le nam pla, le sucre, l'oignon et les cacahuètes, et remuez bien. Baissez le feu et laissez mijoter 20 minutes, en remuant de temps à autre.

Transférez dans un plat de service et décorez de coriandre et de piment. Servez cette sauce à part.

Riz sauté épicé

Khow Bhud Khie Mau

100 g de bœuf haché
200 g de haricots rouges en boîte égouttés
1 1/2 cuillère à soupe de nam pla
1 cuillère à soupe de sauce de soja noire
4 piments rouges épépinés et hachés fin
2-3 gousses d'ail écrasées
1/2 cuillère à café de sel
2 cuillères à soupe d'huile
10 haricots verts, parés et coupés en morceaux de 1 cm de longueur
750 g de riz cuit (environ 175 g de riz cru)
1 cuillère à soupe de sucre
20 petites feuilles de basilic ou de menthe

Mélangez le bœuf haché et les haricots rouges dans un plat. Ajoutez le nam pla et la sauce de soja, couvrez et laissez mijoter 30 minutes.

Dans un petit bol, mélangez les piments, l'ail et le sel. Faites chauffer l'huile dans un wok ou une grande poêle, et faites dorer ce mélange 1 minute.

Ajoutez le bœuf et les haricots et poursuivez la cuisson 3 minutes en remuant sans cesse. Ajoutez les haricots verts et laissez cuire encore 3 minutes.

Ajoutez le riz et le sucre, et faites réchauffer en remuant. Goûtez et ajoutez du nam pla, ou rectifiez l'assaisonnement s'il y a lieu.

Transférez dans un plat, ajoutez le basilic, mélangez et servez immédiatement.

Potage de riz au poisson

Khom Tom Pla

175 g de riz
1,6 litre de bouillon de poule ou d'eau
3 cuillères à soupe d'huile
1 cuillère à soupe d'ail haché
500 g de filet de cabillaud émincé fin
2 cuillères à soupe de nam pla
2 cuillères à soupe de tung chai (chou chinois séché)
1 cuillère à café de poivre noir fraîchement moulu
2 ciboules hachées fin
2 branches de céleri et leurs feuilles, émincées

Rincez plusieurs fois le riz dans une passoire et égouttez-le. Portez 60 cl de bouillon ou d'eau à ébullition dans une grande casserole, ajoutez le riz et laissez cuire 20 minutes à feu doux en remuant de temps en temps. Le riz doit absorber la majorité du liquide. Ajoutez le reste du bouillon ou de l'eau, faites bouillir et retirez du feu.

Faites chauffer l'huile dans une grande poêle et faites dorer l'ail 1 minute. Sortez-le et mettez-le de côté.

Ajoutez le poisson dans l'huile restant dans la poêle et faite cuire en remuant 4 à 5 minutes.

Dès que le poisson est cuit, ajoutez le riz, le nam pla, le tung chai et le poivre. Remuez bien et transférez le tout dans un plat de service.

Saupoudrez de ciboule, de céleri et d'ail frit, et servez immédiatement cette bouillie de riz.

Variante : vous pouvez remplacer le poisson par des crevettes, du calamar, du porc ou du poulet.

Riz au poulet

Khow Mun Gai

1 poulet de 1,5 kg sans les abats
2 cuillères à café de sel
4 morceaux de racine ou de tige de coriandre, légèrement écrasés
1,5 litre d'eau
750 g de riz
5 cuillères à soupe d'huile
5 gousses d'ail légèrement écrasées

Pour décorer :
1/2 concombre coupé en rondelles fines
2 cuillères à soupe de coriandre hachée

Sauce tao-chiew :
6 cuillères à soupe de tao chiew
2 cuillères à café de sauce de soja noire
2 cuillères à soupe de vinaigre blanc ou de jus de citron
2 cuillères à café de sucre
2 cuillères à café de racine de gingembre hachée fin
2 piments épépinés et hachés fin

Commencez par préparer la sauce. Versez le tao chiew dans une jatte et ajoutez le reste des ingrédients. Couvrez et mettez de côté.

Placez le poulet dans une casserole assez grande, ajoutez le sel, la coriandre et l'eau. Portez à ébullition, baissez le feu et laissez cuire 45-60 minutes, en écumant si nécessaire la surface du liquide.

Une fois le poulet cuit, transférez-le dans une cocotte, en conservant le liquide de cuisson dans une grande casserole. Gardez le poulet au chaud pendant que vous préparez le riz.

Rincez le riz plusieurs fois dans une passoire. Égouttez-le soigneusement. Faites chauffer l'huile dans une grande casserole, et faites revenir l'ail jusqu'à ce qu'il prenne une couleur crème. Ajoutez le riz et laissez revenir 3 minutes en remuant constamment.

Amenez à ébullition le liquide de cuisson du poulet. Versez-le sur le riz, baissez le feu et laissez mijoter 15 minutes ; le riz doit être juste cuit.

Pendant ce temps, découpez le poulet. Garnissez un plat creux de riz, disposez le poulet au-dessus et décorez de coriandre et de concombre. Servez immédiatement avec la sauce tao chiew.

Vermicelles de riz au bœuf haché

Geuy Teuw Nauh Sub

500 g de vermicelles de riz trempés (voir Vermicelles de riz à la thaïlandaise, page 45) ou de nouilles
2 cuillères à soupe de sauce de soja piquante
4 cuillères à soupe d'huile
1 gousse d'ail écrasée
300 g de bœuf haché
1/2 cuillère à soupe de nam pla
1/2 cuillère à soupe de poudre de curry
1 cuillère à café de sucre
1/4 cuillère à café de poivre fraîchement moulu
1 cuillère à soupe de maïzena
2 cuillères à soupe de sauce de soja
1 petit oignon haché
1 tomate hachée
35 cl de bouillon de poule

Pour servir :
1 laitue séparée en feuilles
2 cuillères à soupe de coriandre hachée

Disposez les vermicelles de riz ou les nouilles dans un grand plat creux. Arrosez-les de sauce de soja et mélangez au moyen de baguettes ou de cuillères.

Faites chauffer 2 cuillères d'huile dans un wok, et laissez-y cuire le vermicelle 3 à 5 minutes en remuant (selon le type de vermicelle utilisé). Transférez le contenu du wok dans un plat de service et gardez-le au chaud.

Faites chauffer le reste de l'huile dans une grande casserole pour y faire revenir l'ail 1 minute, jusqu'à ce qu'il dore. Ajoutez le bœuf, le nam pla, la poudre de curry, le sucre et le poivre.

Dans un bol, délayez la maïzena avec la sauce de soja, et versez la pâte ainsi obtenue dans la casserole. Laissez cuire 10 à 15 minutes en remuant fréquemment, jusqu'à ce que le bœuf soit cuit et friable.

Ajoutez l'oignon, la tomate et le bouillon, et portez le mélange à ébullition. Baissez le feu et laissez mijoter 5 minutes.

Juste avant de servir, tapissez un plat creux de feuilles de laitue, couvrez-les de vermicelles et, pour terminer, de bœuf. Décorez avec la coriandre et servez immédiatement.

Riz sauté épicé, potage de riz au poisson

Salade de nouilles

Khanom Jeen Sarw Narm

1 paquet de 450 g de nouilles
1 morceau de 5 cm de racine de gingembre épluchée et émincée
3-4 gousses d'ail émincées
2 cuillères à soupe de poudre de crevettes
6 tranches d'ananas hachées fin
3 citrons émincés
4 cuillères à soupe de nam pla
4 cuillères à soupe de sucre

Boulettes de poisson :
300 g de filet de cabillaud cuit et émietté (voir Khanom Jeen Num Yar page 46)
1 cuillère à soupe de pâte de curry rouge (voir page 63)
1 cuillère à soupe de coriandre hachée
1 cuillère à café de sel
1 cuillère à soupe d'eau
25 cl de lait de coco épais (voir Note)

Faites bouillir une grande casserole d'eau, jetez-y les nouilles et laissez cuire 10 minutes. Égouttez, rincez à l'eau froide et égouttez une nouvelle fois. Avec les mains, formez des nids de nouilles et transférez-les dans un grand plat.

Confectionnez les boulettes de poisson en mélangeant tous les ingrédients, excepté le lait de coco, dans une jatte. Divisez la pâte en 40 petites boulettes et mettez-les de côté.

Portez le lait de coco à ébullition dans une casserole moyenne et jetez-y les boulettes de poisson, peu à la fois, de façon à ce que le lait continue à bouillir. Laissez cuire 4 à 5 minutes, en tournant les boulettes à mi-cuisson. Dès qu'elles sont cuites, sortez-les avec une écumoire et égouttez-les sur une grille. Laissez refroidir. Versez le lait de coco dans un petit bol.

Pour servir, disposez les boulettes de poisson sur les nids de nouilles et saupoudrez de gingembre, d'ail et de crevettes en poudre. Décorez les bords du plat d'ananas et de citron.

Mélangez le lait de coco, le nam pla et le sucre. Versez sur les boulettes de poisson et servez immédiatement.

Note : pour faire du lait de coco épais, mélangez 25 cl d'eau bouillante et 300 g de noix de coco râpée dans un bol. Laissez refroidir et passez en pressant fermement contre le bord de la passoire pour extraire tout le jus possible.

Variante : vous pouvez obtenir une version plus épicée en ajoutant 15 petits piments thaïlandais à la sauce.

Nouilles aux légumes et à la viande, vermicelles de riz à la thaïlandaise

Vermicelles de riz à la viande et aux légumes

Geuy Theaw Bhud See Euw

2 cuillères à soupe d'huile
1 gousse d'ail écrasée
100 g de lamelles de blanc de poulet, de filet de bœuf, de filet de porc, de crabe ou de crevettes (voir page 63) ou une combinaison de ces différents éléments
1/2 cuillère à café de poivre noir fraîchement moulu
100 g de vermicelles de riz ou de nouilles jaunes ou blanches
100 g de légumes au choix, chou-fleur, chou émincé, brocolis en bouquets, courgettes en rondelles ou haricots verts entiers
2 cuillères à café de sauce de soja piquante
2 cuillères à soupe de nam pla
2 cuillères à soupe de sucre
1 œuf battu (facultatif)

Faites chauffer l'huile dans un wok et faites dorer l'ail 1 minute. Poussez-le de côté et ajoutez la viande ou les fruits de mer, ainsi que le poivre. Laissez cuire 10 minutes.

Ajoutez les vermicelles de riz, et laissez cuire 3 minutes de plus avant d'incorporer les légumes, la sauce de soja, le nam pla, le sucre et l'œuf. Mélangez bien et poursuivez la cuisson 3 minutes. Si vous utilisez des nouilles tendres, choisissez comme légumes du chou-fleur et des courgettes. Les légumes moins tendres, tels que les carottes, demandent un temps de cuisson plus long.

Nouilles aux légumes et à la viande

Geuy Teaw Rard Nah

4 cuillères à soupe d'huile
2 gousses d'ail écrasées
100 g de nouilles aux œufs
1 cuillère à soupe de tao chiew
100 g de lamelles de blanc de poulet, de filet de bœuf, de filet de porc, de calamars ou de crevettes (voir page 63), ou une combinaison de ces éléments
1/2 cuillère à café de poivre fraîchement moulu
2 cuillères à soupe de nam pla
100 g de légumes, chou-fleur, chou émincé ou brocolis en bouquets
30 cl de bouillon de poule ou de légume, ou d'eau
1 cuillère à soupe de maïzena à délayer dans 2 cuillères à soupe d'eau
2 cuillères de sauce de soja piquante
2 cuillères à soupe de vinaigre

Faites chauffer la moitié de l'huile dans un wok et faites dorer la moitié de l'ail 1 minute.

Ajoutez les nouilles et le tao chiew et laissez cuire, en remuant sans cesse, 3 à 5 minutes (selon que vous utilisez des nouilles tendres ou non). Transférez dans un plat et gardez au chaud.

Faites chauffer le reste de l'huile dans le wok, et faites dorer le reste d'ail. Ajoutez la viande, le poivre et le nam pla, et poursuivez la cuisson 5 minutes. Incorporez les légumes et laissez cuire encore 3 minutes.

Pour terminer, versez le bouillon, la maïzena, la sauce de soja et le vinaigre. Portez à ébullition, baissez le feu et laissez cuire 3 minutes en remuant constamment. Versez sur les nouilles et servez immédiatement.

Vermicelles de riz à la thaïlandaise

Geuy Teuw Bhud Thai

100 g de vermicelles de riz
2 cuillères à soupe d'huile
1 gousse d'ail hachée
100 g de blanc de poulet émincé
100 g de crabe
100 g de crevettes crues (voir page 63)
2 cuillères à soupe de nam pla
2 cuillères à soupe de sucre
1/2 cuillère à soupe de jus de citron ou de tamarin (voir page 62)
1/4 cuillère à café de poivre fraîchement moulu
2 cuillères à soupe de cacahuètes grillées et broyées
1 cuillère à soupe de crevettes sèches moulues
1 cuillère à soupe de radis en conserve
1/2 cuillère à café de piment en poudre
1 œuf
2 cuillères à soupe de feuilles de ciboule
100 g de germes de soja

Pour servir :
1 citron émincé, les tranches coupées en quatre
50 g de germes de soja frais

Laissez tremper les vermicelles de riz dans de l'eau froide au moins 2 heures, jusqu'à ce qu'ils se ramollissent et égouttez.

Faites chauffer l'huile dans un wok et faites dorer l'ail 1 minute. Ajoutez le poulet, le crabe et les crevettes, et laissez cuire 3 minutes. Incorporez les vermicelles égouttés ainsi que le nam pla, le sucre, le jus de citron et le poivre. Laissez cuire 1 minute et ajoutez ensuite les cacahuètes, les crevettes sèches, le radis et le piment, en remuant sans cesse. Cassez l'œuf dans la casserole, ajoutez les feuilles de ciboule et les germes de soja ; sans cesser de tourner laissez cuire 3 minutes.

Si les vermicelles restent trop fermes, ajoutez une ou deux cuillères d'eau et laissez cuire jusqu'à absorption.

Transférez dans un plat et servez avec les tranches de citron et les germes de soja.

Nouilles au poisson

Khanom Jeen Num Yar

25 cl d'eau
225 g de filet de cabillaud
1 litre de lait de coco (voir page 63)
3 cuillères à soupe de pâte de curry rouge (voir page 63)
50 g de racine de krachai hachée fin
2 cuillères à soupe de nam pla
1 paquet de 450 g de nouilles
12 cl de crème de coco (voir page 63)

Accompagnements :
100 g de haricots verts cuits
100 g de chou en conserve
100 g de germes de soja
1 piment rouge
25 g de feuilles de basilic

Préparez les accompagnements. Coupez les haricots en morceaux et le chou en lamelles. Placez-les dans des saladiers différents. Faites blanchir les germes de soja 1 minute, égouttez bien et placez dans un bol. Épépinez et hachez le piment, placez sur une petite assiette, le basilic autour.

Mettez l'eau dans une casserole moyenne. Portez à ébullition, ajoutez le poisson, baissez le feu et laissez mijoter 8 à 10 minutes. Sortez le poisson, conservez le jus de cuisson, retirez la peau et émiettez la chair.

Placez le poisson et le lait de coco dans une casserole propre, à feu doux, et ajoutez le jus de cuisson mis de côté. Mélangez la pâte de curry et le krachai dans un petit bol. Versez ce mélange et le nam pla dans la casserole. Laissez mijoter 15 minutes en remuant de temps en temps.

Pendant ce temps, faites cuire les nouilles à l'eau bouillante 10 minutes. Égouttez-les, rincez-les à l'eau froide, puis égouttez-les une seconde fois. A la main, confectionnez des nids avec les nouilles et placez-les dans un grand plat. Réchauffez-les à four moyen (160°).

Lorsque une mince pellicule d'huile apparaît à la surface de la sauce, ajoutez la crème de coco. Portez à ébullition, retirez du feu et versez sur les nouilles. Servez immédiatement avec les accompagnements.

Vermicelles de riz à la sauce aigre-douce

Meeh Grob

huile à friture
vermicelles de riz
6 cuillères d'huile
1 œuf battu
1 cuillère à soupe d'échalotes émincées
1 cuillère à soupe d'ail haché
50 g de crevettes crues, coupées en deux dans le sens de la longueur (voir page 63)
50 g de blanc de poulet émincé
jus de tamarin (voir page 62)
sucre roux
tao chiew
nam pla

Pour décorer :
1 gousse d'ail en conserve, égouttée et hachée
1 piment rouge épépiné et émincé
2 cuillères à soupe de coriandre hachée

Ce plat est généralement accompagné de germes de soja, de ciboule et de feuilles de cou-chai.

Faites chauffer l'huile dans un wok ou une friteuse. Elle est assez chaude lorsque les vermicelles que vous y jetez éclatent instantanément.

Jetez-y les vermicelles par lots. Dès qu'ils éclatent et prennent une couleur crème, sortez-les du wok et égouttez-les sur du papier absorbant. Gardez les vermicelles cuits au chaud dans un bol, mais ne les couvrez pas, car ils risquent de devenir mous.

Faites chauffer la moitié de l'huile dans une casserole moyenne. Passez l'œuf battu dans une passoire ou un tamis au-dessus de la casserole, jusqu'à ce que vous obteniez des rubans d'omelette. Retirez ces rubans avec une écumoire, laissez-les égoutter sur du papier absorbant et conservez-les au chaud.

Dans le wok, faites chauffer le reste d'huile pour y faire dorer les échalotes et l'ail. Sortez-les du wok avec une écumoire, égouttez-les sur du papier absorbant et gardez-les au chaud.

Versez les crevettes et le poulet dans l'huile demeurant dans le wok, et laissez-les cuire en remuant pendant 5 minutes. Videz l'excédent d'huile dans le wok et incorporez le jus de tamarin, le sucre, le tao chiew et le nam pla. Laissez cuire 5 minutes, jusqu'à ce que le mélange épaississe.

Baissez le feu au maximum et ajoutez les vermicelles, ainsi que les échalotes et l'ail. Mélangez soigneusement et laissez réchauffer 2 à 3 minutes.

Transférez dans un plat creux, garnissez de rubans d'omelette et décorez d'ail, de piment et de coriandre.

Vermicelles de riz au lait de coco, vermicelles de riz à la sauce aigre-douce

Vermicelles de riz au lait de coco

Meeh Ka Ti

225 g de vermicelles
2 cuillères à café d'huile
2 œufs battus
50 cl de lait de coco (voir page 63)
6 échalotes ou 1/2 oignon, haché gros
225 g de crevettes crues (voir page 63)
4 cuillères à soupe de tao chiew
2 cuillères à soupe de sucre
2 cuillères à soupe de jus de tamarin (voir page 62)
ou 1 cuillère à soupe de jus de citron
300 g de germes de soja
100 g de feuilles de cou-chai ou de feuilles de ciboule

Pour décorer :
3 cuillères à soupe de coriandre hachée
2 piments rouges épépinés et émincés
1 citron émincé dans le sens de la longueur

Portez une grande casserole d'eau à ébullition, versez-y les vermicelles et laissez cuire, en remuant de temps en temps, 10 minutes. Égouttez les vermicelles et mettez-les de côté.

Faites chauffer l'huile dans une poêle et versez-y les œufs battus. Préparez une omelette bien cuite. Transférez-la dans un plat. Coupez-la en lamelles et gardez au chaud.

Dans une grande casserole ou un wok, faites bouillir le lait de coco, et laissez-le cuire à feu modéré ou vif 10 minutes, jusqu'à ce qu'une pellicule d'huile se forme à la surface. Ajoutez les échalotes, les crevettes, le tao chiew, le sucre et le jus de tamarin ou de citron. Remuez bien et laissez cuire 5 minutes. Versez la moitié du mélange dans un bol et gardez-le au chaud.

Incorporez les vermicelles dans la casserole en remuant bien. Laissez cuire 5 minutes. Ajoutez ensuite la moitié des germes de soja et du cou-chai en remuant bien.

Versez ce mélange dans un plat creux, recouvrez-le du reste de sauce au coco et décorez de coriandre, de piments et de citron. Servez avec le reste de germes de soja et de feuilles de cou-chai.

Variante : vous pouvez remplacer les crevettes par du blanc de poulet ou du filet de porc, ou par une combinaison de viande et de crevettes.

Salades et légumes

Les pages suivantes contiennent certaines des recettes les plus passionnantes de ce livre. La Thaïlande offre toute une variété de salades : en été, vous ne vous lasserez pas de les déguster. Et les habitués des restaurants thaïlandais découvriront avec plaisir la recette de quatre sauces piquantes d'accompagnement sans lesquelles on ne saurait apprécier les mets sautés ou les beignets.

Salade de crevettes à la citronnelle

Plah Gung

4 cuillères à soupe d'eau
275 g de crevettes crues (voir page 63)
2 petits oignons hachés fin
5 petits piments thaïlandais hachés, ou 1/2 cuillère à café de piment en poudre
3 cuillères à soupe de basilic ou de menthe, hachés fin
3 cuillères à soupe de citronnelle hachée fin
3 cuillères à soupe de jus de citron
3 cuillères à soupe de nam pla

Pour décorer :
1 laitue séparée en feuilles
1 cuillère à soupe de coriandre hachée

Versez l'eau et les crevettes dans une grande casserole, et laissez cuire à chaleur modérée jusqu'à ce que les crevettes rosissent.

Entre-temps, mélangez les oignons, les piments, le basilic, la citronnelle, le jus de citron et le nam pla dans une jatte en remuant bien. Ajoutez les crevettes et mélangez avec précaution.

Disposez les feuilles de laitue dans un plat creux. Ajoutez le mélange et décorez de coriandre. Servez immédiatement.

Salade de calamars

Yum Pla Mhouk

300 g de calamars nettoyés (voir page 63)
1 oignon moyen coupé en quatre et émincé
3 petits piments thaïlandais hachés fin, ou 1 cuillère à café de piment en poudre, selon votre goût
3 branches de menthe fraîche hachée
1 1/2 cuillère à soupe de jus de citron
1 cuillère à soupe de nam pla
1/2 cuillère à café de sucre

Pour décorer :
1 laitue séparée en feuilles
3 cuillères à soupe de coriandre hachée

Nettoyez les calamars et découpez-les. Jetez-les dans une casserole et laissez cuire en remuant sans cesse 5 minutes. Retirez du feu et laissez refroidir.

Transférez dans une jatte et ajoutez les autres ingrédients, en remuant.

Disposez la laitue dans un plat creux, recouvrez des calamars et garnissez de coriandre. Servez immédiatement.

Salade de crevettes à la citronnelle, salade de calamars

Salade de bœuf au galanga

Larb Nua

2 cuillères à soupe de riz gluant
300 g de bœuf haché
5 tranches de galanga émincées
3 cuillères à soupe d'oignon haché
1 cuillère à café de piment en poudre, plus ou moins selon le goût
3-4 cuillères à soupe de jus de citron
3 cuillères à soupe de nam pla
1/2 cuillère à café de sucre
4-5 branches de menthe, feuilles hachées

Pour décorer :
1 laitue séparée en feuilles
3 cuillères à soupe de coriandre hachée

Faites cuire 10 minutes le riz à sec dans une casserole sur feu modéré en remuant sans cesse, jusqu'à ce que les grains prennent une couleur légèrement brune. Retirez la casserole du feu. Broyez le riz dans un mixeur ou pilez-le dans un mortier pour obtenir une poudre fine.

Placez le bœuf haché dans une casserole et faites-le cuire à feu doux 10 minutes en remuant constamment, jusqu'à ce que la viande soit cuite et le liquide entièrement absorbé. Transférez le bœuf dans un saladier et ajoutez le riz pilé. Ajoutez les autres ingrédients et mélangez.

Disposez des feuilles de laitue dans un plat creux, recouvrez-les du mélange et garnissez de coriandre. Servez immédiatement. Accompagnez de chou râpé, de haricots verts, de ciboule et de basilic frais.
Variante : vous pouvez remplacer le bœuf par du poulet ou du porc.

Salade de bœuf thaïlandaise, salade de bœuf aux asperges fraîches

Salade de bœuf aux asperges fraîches

Yum Nua Noh Mai

200 g de filet de bœuf ou de romsteck émincé
20 cl de crème de coco (voir page 63)
200 g d'asperges fraîches, coupées en fines lamelles
1 cuillère de pâte de curry rouge (voir page 63)
2 cuillères à soupe de citronnelle hachée
1 1/2 cuillère à café de feuilles de makrut hachées fin
2 cuillères à soupe de jus de citron
1 1/2 cuillère à café de nam pla
3 petits piments thaïlandais
ou 1/2 cuillère à café de piment en poudre

Pour décorer :
1 laitue séparée en feuilles
1/2 cuillère à soupe de piment rouge haché

Placez la crème de coco dans une petite casserole, et laissez cuire à feu doux 10 minutes, ajoutez le bœuf et faites-le revenir 3 minutes. Retirez du feu et mettez de côté jusqu'à ce que la viande refroidisse.

Transférez dans une jatte, ajoutez les autres ingrédients et mélangez.

Disposez les feuilles de laitue dans un plat creux, recouvrez-les du mélange et décorez de morceaux de piments. Servez immédiatement.

Salade de bœuf thaïlandaise

Nua Nam Tok

2 cuillères à soupe de riz gluant
300 g de romsteck
4 cuillères à soupe d'eau
2 oignons moyens hachés fin
3 cuillères à soupe de menthe hachée
1 cuillère à café de piment en poudre,
plus ou moins selon le goût
2 cuillères à soupe de jus de citron
2 cuillères à soupe de nam pla
1/2 cuillère à café de sucre

Pour décorer :
1 laitue séparée en feuilles
2 cuillères à soupe de coriandre hachée

Pour cette délicieuse salade, il est recommandé de faire cuire le bœuf au charbon de bois ; mais un gril convient aussi. Veillez simplement à ce que la viande reste saignante. Au nord-est de la Thaïlande, où le riz gluant constitue l'aliment de base, cette salade représente un plat extrêmement apprécié, et épicé. Rectifiez la quantité de piment en poudre selon votre goût.

Versez le riz gluant dans une casserole et laissez-le cuire à sec 10 minutes sur feu moyen en remuant sans cesse, jusqu'à ce que les grains colorent. Retirez du feu et broyez le riz dans un mixeur, pour le réduire en poudre fine. Vous pouvez également le piler dans un mortier.

Faites cuire le bœuf à feu vif sous un gril 2 minutes de chaque côté, et réduisez ensuite le feu. Laissez cuire 4 minutes de plus jusqu'à ce qu'il soit à point. Laissez refroidir.

Coupez le bœuf en petites lamelles, mettez-le dans une casserole avec l'eau, le riz broyé, les oignons, la menthe, le piment, le jus de citron, le nam pla et le sucre.

Disposez les feuilles de laitue dans un plat creux, recouvrez-les du bœuf et décorez de coriandre.

Servez immédiatement, avec un assortiment de légumes blanchis en morceaux, haricots verts, chou, ciboules ou carottes.

Le bœuf pour la salade thaïlandaise ne doit pas être trop cuit, vous aurez encore un meilleur goût s'il est saignant.

Variante : vous pouvez remplacer le bœuf par du foie.

Salade thaïlandaise aigre-douce

Som Tum

1 grosse gousse d'ail hachée
2 petits piments thaïlandais hachés,
ou 1/2 cuillère à café de piment en poudre
2 carottes râpées
100 g de chou blanc râpé
2 haricots verts effilés
2 tomates coupées en morceaux
1 1/2 cuillère à soupe de nam pla
3 cuillères à soupe de jus de citron
3 cuillères à soupe de sucre
1 cuillère à soupe de crevettes séchées, hachées fin
2 cuillères à soupe de cacahuètes grillées et broyées
1 laitue séparée en feuilles pour la décoration

Ce plat est originaire du nord-ouest de la Thaïlande, où on le prépare avec des papayes vertes. Une combinaison de carottes et de choux donne toutefois d'aussi bons résultats. Servez cette salade avec du poulet grillé (voir page 30) et du riz gluant cuit à la vapeur.

Broyez l'ail et les piments dans un robot ou un mixeur, ou pilez-les au mortier.

Transférez le mélange dans un saladier, ajoutez les autres ingrédients, excepté la laitue, et remuez bien.

Disposez les feuilles de laitue dans un plat creux, recouvrez-les de salade et servez immédiatement.

Légumes sautés

Bhud Bhug Raum Mid

3 cuillères à soupe d'huile végétale
1 gousse d'ail écrasée
100 g de chou râpé
100 g de chou-fleur en bouquets
1/2 cuillère à café de poivre fraîchement moulu
2 cuillères à soupe de sauce d'huîtres
15 cl de bouillon de poule
100 g de brocolis préparés et coupés en morceaux
2 carottes coupées en allumettes
100 g de champignons frais, émincés
1 oignon émincé
50 g de germes de soja (facultatif)

Faites chauffer l'huile dans un wok et mettez-y l'ail à dorer. Ajoutez le chou, le chou-fleur et le poivre. Versez la sauce d'huîtres et le bouillon, et faites cuire 3 minutes en remuant sans cesse.

Ajoutez les brocolis, les carottes, les champignons, les oignons et les germes de soja. Laissez cuire encore 2 minutes, en remuant. Transférez dans un grand plat et servez immédiatement.

Note : choisissez des légumes de saison. Les courgettes et les haricots verts sont également délicieux, ainsi que les poivrons jaunes, rouges et verts.

Aubergines sautées à l'ail

Ma Khoa Bhud Tao Chiew

2 cuillères à soupe d'huile
1 gousse d'ail écrasée
1 aubergine moyenne, coupée en petits dés
2 cuillères à soupe d'eau
1 cuillère à soupe de tao chiew
1 cuillère à café de sauce de soja noire
1 cuillère à soupe de sucre
1/2 cuillère à café de poivre noir fraîchement moulu
3 cuillères à soupe de basilic haché
1 piment rouge épépiné et haché fin

Faites chauffer l'huile dans un wok ou une poêle, et mettez-y l'ail à dorer pendant 30 secondes.

Ajoutez les cubes d'aubergine et laissez-les cuire 5 à 8 minutes, jusqu'à ce qu'ils soient bien cuits, en ajoutant de l'eau si nécessaire pour les empêcher d'attacher au fond de la poêle.

Incorporez le tao chiew, la sauce de soja, le sucre et le poivre, et faites chauffer en mélangeant 1 ou 2 minutes.

Pour terminer, ajoutez le basilic et le piment. Disposez dans un plat de service et servez immédiatement.

Salade de chou blanc

Yum Kra Khum Plee

300 g de chou blanc râpé
3 cuillères à soupe d'huile
1 cuillère à soupe d'échalotes émincées
1 gousse d'ail écrasée
1 cuillère à soupe de piments rouges secs hachés
1 cuillère à café de sel
1 cuillère à soupe de nam pla
1 1/2 cuillère à soupe de jus de citron
1 cuillère à soupe de cacahuètes grillées et broyées
4 cuillères à soupe de crème de coco (voir page 63)
10 crevettes cuites, décortiquées et coupées dans le sens de la longueur (voir page 63)
225 g de rôti de porc cuit en lamelles

Placez le chou dans une casserole, recouvrez-le d'eau bouillante et laissez cuire à feu vif 2 minutes. Égouttez dans une passoire, rincez à l'eau froide et égouttez encore. Faites chauffer l'huile dans une poêle. Faites revenir les échalotes 2 minutes, transférez-les sur du papier absorbant.

Faites dorer l'ail sur feu doux dans l'huile restant dans la poêle. Égouttez-le comme les échalotes, puis faites cuire et égouttez les piments rouges de la même façon, en ajoutant de l'huile si nécessaire.

Transférez le chou dans un grand saladier. Ajoutez le sel, le nam pla, le jus de citron, les cacahuètes, la crème de coco, les crevettes et le porc. Remuez bien. Transférez dans un plat, saupoudrez d'échalotes, d'ail et de piments, et servez immédiatement.

Salade de vermicelles

Yum Wun Sen

60 cl d'eau
225 g de vermicelles trempés dans de l'eau tiède pour les ramollir, puis coupés sur 1 cm de longueur
100 g de porc haché
100 g de crevettes crues, décortiquées et coupées dans le sens de la longueur (voir page 63)
2 cuillères à soupe d'huile
2 cuillères à soupe de crevettes sèches
2 gousses d'ail écrasées
4 cuillères à soupe de nam pla
4 cuillères à soupe de jus de citron
1 cuillère à café de sucre
5 petits piments thaïlandais, ou 1 cuillère à café de piment en poudre
1 oignon haché fin
2 branches de céleri émincées

Pour décorer :
1 laitue séparée en feuilles
2 cuillères à soupe de coriandre hachée

Portez l'eau à ébullition dans une casserole. Jetez-y les vermicelles et laissez cuire 5 minutes. Égouttez

Salade de chou blanc, légumes sautés

dans une passoire, rincez à l'eau froide, égouttez une seconde fois et versez dans un saladier.

Placez le porc haché dans une casserole avec les crevettes et 5 cl d'eau, laissez cuire 5 à 7 minutes, en remuant sans cesse. Retirez du feu et laissez refroidir.

Faites chauffer l'huile dans une casserole, jetez-y les crevettes sèches et laissez cuire à feu modéré 5 minutes. Transférez-les sur du papier absorbant et mettez de côté. Mettez l'ail à dorer dans la même casserole, et versez ce mélange sur les vermicelles. Ajoutez le mélange de porc et de crevettes, le nam pla, le jus de citron, le sucre, les piments, l'oignon et le céleri, et remuez bien.

Disposez les feuilles de laitue dans un plat de service creux. Recouvrez-les de vermicelles, saupoudrez de crevettes sèches et décorez de coriandre. Servez immédiatement.

Salade de concombre

Ah Jard

3 cuillères à soupe de vinaigre blanc
3 cuillères à soupe de sucre
1/4 cuillère à café de sel
1/2 concombre moyen, coupé en quatre, puis en morceaux
4 échalotes émincées

Pour décorer :
piment rouge haché
feuilles de coriandre

Dans une casserole, faites bouillir le vinaigre, le sucre et le sel, jusqu'à ce que le mélange devienne transparent. Retirez du feu et laissez refroidir.

Placez le concombre dans un plat, disposez l'échalote au-dessus. Juste avant de servir, versez l'assaisonnement et décorez.

Sauce au tao chiew

Tow Jiew Lhon

45 cl de lait de coco (voir page 63)
4 échalotes émincées
4 cuillères à soupe de tao chiew
3 cuillères à soupe de crevettes crues, décortiquées et hachées fin (voir page 63)
3 cuillères à soupe de porc haché
3 piments rouges
3 cuillères à soupe de sucre
3 cuillères à soupe de jus de tamarin (voir page 62)

Cette sauce se sert comme le nam prig (voir page 55).

Portez le lait de coco à ébullition dans une casserole. Baissez le feu et laissez mijoter 10 minutes.

Entre-temps, pilez 2 échalotes et le tao chiew dans un mortier pour obtenir une pâte. Incorporez cette pâte au lait de coco, ainsi que les crevettes, le porc haché et les piments.

Faites cuire à feu doux 5 minutes en remuant sans cesse. Ajoutez ensuite le reste d'échalote, le sucre et le jus de tamarin. Goûtez et salez si nécessaire.

Sauce aux crevettes

Kapee Khua

3 piments rouges secs, épépinés et trempés dans de l'eau bouillante pour les ramollir
2 cuillères à soupe de citronnelle
6 échalotes hachées fin
3 cuillères à soupe de racine de krachai hachée
3 cuillères à soupe de kapee (pâte de crevettes)
50 g de crevettes sèches ou de poisson séché en poudre
30 cl de lait de coco
100 g de porc haché
4 piments rouges
3 cuillères à soupe de sucre roux
3 cuillères à soupe de nam pla

Broyez les piments secs, la citronnelle, les échalotes, le krachai et le kapee dans un mixeur ou au mortier. Lorsque le mélange forme une pâte, ajoutez les crevettes ou le poisson, et continuez à broyer.

Portez le lait de coco à ébullition, baissez le feu et laissez cuire 10 minutes, jusqu'à ce qu'une pellicule d'huile se forme à la surface. Ajoutez la pâte et laissez cuire 5 minutes en remuant sans cesse.

Ajoutez le porc haché et les piments entiers, et laissez cuire 10 minutes en remuant. Pour terminer, incorporez le sucre et le nam pla.

Servez avec du poisson frit, des crevettes ou des légumes.

Sauce au coco et aux anchois

Pla Rah Lhon

175 g de pla rah (anchois thaïlandais)
3 cuillères à soupe d'eau
45 cl de lait de coco (voir page 63)
10 échalotes ou 1 oignon moyen hachés
2 cuillères à soupe de racine de kraichai hachée fin
1 cuillère à soupe de galanga haché fin
2 cuillères à soupe de citronnelle hachée fin
2 feuilles de makrut émiettées
3 piments rouges
225 g de filet de cabillaud coupé en quatre
2 × 100 g de pousses de bambou thaïlandaises émincées
3 petites aubergines vertes émincées
5 haricots verts coupés en morceaux de 2 cm
sel (facultatif)

Placez les anchois et l'eau dans une casserole et portez à ébullition. Baissez le feu et laissez mijoter

10 minutes, jusqu'à ce que la chair des anchois forme une pâte. Enlevez les arêtes qui n'ont pas été dissoutes.

Versez le lait de coco sur les anchois dans la casserole, et portez le mélange à ébullition en remuant. Ajoutez les échalotes, la racine de krachai, la galanga, la citronnelle, les feuilles de makrut et les piments entiers. Remuez bien et portez le mélange à ébullition.

Baissez le feu, ajoutez le poisson et laissez cuire encore 5 minutes, avant d'ajouter les pousses de bambou, les aubergines et les haricots. Laissez cuire 5 minutes.

Goûtez et salez si nécessaire. Servez avec des légumes frais.

Note : pour cette recette, il vous faudra les trois quarts d'un petit pot d'anchois thaïlandais (220 g environ). Égouttez les anchois avant utilisation.

Sauce à la pâte de crevettes

Nam Prig Bhug

3 petites gousses d'ail hachées
5 petits piments thaïlandais
1 cuillère à café de kapee (pâte de crevettes)
2 cuillères à soupe de jus de citron
1 cuillère à soupe de sucre roux
1/2 cuillère à café de nam pla
1 cuillère à café de crevettes sèches en poudre

Le nam prig est généralement servi avec un assortiment de légumes crus, bouillis ou en beignets, mais accompagne aussi les omelettes, le poisson frit, fumé et les crevettes. Elle est particulièrement délicieuse avec des tranches d'aubergine trempées dans de l'œuf battu et dorées à la poêle.

Broyez l'ail et les piments dans un mixeur ou au mortier. Transférez dans un bol et ajoutez les autres ingrédients. Remuez bien et servez comme suggéré ci-dessus.

Sauce à la pâte de crevettes avec ses accompagnements

Desserts

Les desserts thaïlandais méritent plus d'attention qu'on ne leur en prête généralement. Les recettes sont inventives : les crevettes, haricots de soja et algues constituent des ingrédients de base assez inhabituels, mais une fois que vous les aurez goûtés, vous vous apercevrez à quel point ils sont délicieux.
Il faut parfois un peu d'entraînement pour perfectionner les techniques culinaires nécessaires à la confection de ces desserts, mais les recettes suivantes ne sont pas toutes difficiles à réaliser ; plusieurs d'entre elles peuvent même se préparer à l'avance.

Crème au coco

Sung Kha Yha

6 œufs
25 cl de lait de coco (voir page 63)
175 g de sucre roux
100 g de sucre blanc
1 cuillère à café d'essence de vanille

Mélangez tous les ingrédients dans une jatte et fouettez-les. Répartissez le mélange dans quatre coquilles de noix de coco ou quatre bols d'environ 25 cl. Placez-les dans le panier d'une ou deux cocottes à vapeur, en les serrant bien en position verticale. Vous pourrez utiliser du papier sulfurisé froissé pour y parvenir.

Placez le panier dans la cocotte et laissez cuire 30 minutes à la vapeur. Vérifiez une des crèmes avec le bout d'un couteau. Si la crème n'attache pas, c'est qu'elle est prête. Servez tiède ou froid.
Variante : vous pouvez ajouter de la noix de coco fraîche râpée, ou de graines de citrouille ou de lotus au mélange de base, avant cuisson pour donner plus de texture à la crème.

Boulettes de taro au coco

Kha Nom Bua Loy

500 g de taro
175 g de fécule
2 litres d'eau environ
12 cl de lait de coco (voir page 63)
175 g de sucre blanc
2 cuillères à soupe de sucre roux
1/2 cuillère à café de sel

Nettoyez soigneusement le taro, coupez les racines en deux et placez-les dans le panier d'une cocotte à vapeur. Laissez cuire 30 à 40 minutes : le centre de chaque taro doit être bien tendre. Laissez refroidir. Lorsque le taro est froid, écrasez-le en purée ou râpez-le, puis mettez de côté.

Versez quatre cuillères à soupe de fécule dans une jatte et délayez avec deux cuillères à soupe d'eau. Incorporez progressivement 12 cl d'eau bouillante, en remuant sans cesse. Vous devez obtenir une sauce transparente. Si ce n'est pas le cas, transférez le mélange dans une casserole et faites-le cuire à feu doux en remuant constamment jusqu'à ce qu'il éclaircisse.

Versez cette sauce dans une jatte, ajoutez la purée de taro et remuez bien. Ajoutez le reste de fécule pour obtenir une pâte ferme. Vous pouvez en utiliser un

Boulettes de soja au sirop

peu plus si nécessaire (la teneur en eau du taro détermine la quantité de fécule).

Divisez la pâte en petites boulettes d'environ 1 cm de diamètre. Disposez-les sur un plateau et mettez-les de côté.

Portez 1,5 litre d'eau à ébullition dans une grande casserole. Dans une seconde casserole, mélangez le lait de coco, les sucres et le sel et faites bouillir.

Pour cuire les boulettes de taro, placez-les avec précaution dans l'eau bouillante, plusieurs à la fois. Lorsqu'elles flottent à la surface, retirez-les et mettez-les dans le lait de coco. Amenez le lait à ébullition, retirez du feu et versez le tout dans une jatte de service. Servez tiède ou froid.

Boulettes de soja au sirop

Med Kha Nhoon

175 g de haricots de soja cassés
2 litres d'eau
25 cl de lait de coco (voir page 63)
1 kg de sucre
1 cuillère à café d'essence de vanille
20 jaunes d'œuf

Lavez les haricots à l'eau froide trois ou quatre fois, jusqu'à ce que l'eau soit totalement claire.

Mettez les haricots dans une grande casserole avec 1 litre d'eau. Portez à ébullition. Baissez le feu et laissez mijoter 30 minutes, puis égouttez et remettez dans la casserole avec le lait de coco et 175 g de sucre.

Laissez cuire à feu très doux en remuant sans cesse avec une cuillère en bois, jusqu'à ce que le mélange épaississe et puisse être roulé en boulettes. Pour vérifier si le mélange a bien la consistance requise, retirez la casserole du feu, laissez refroidir légèrement et tâtez du doigt. Si le mélange ne colle pas au doigt, c'est qu'il est prêt. Incorporez l'essence de vanille et laissez refroidir.

Divisez le mélange en petites boulettes ovales d'environ 2 × 1 cm. Disposez-les sur un plateau et mettez-les de côté.

Versez le reste de l'eau dans une grande casserole et ajoutez le reste du sucre. Portez le mélange à ébullition en remuant sans cesse pour dissoudre le sucre. Laissez bouillir 5 minutes de plus sans remuer.

Pendant ce temps, battez légèrement les jaunes d'œuf dans une jatte. Retirez la casserole du feu. Trempez les boulettes dans le jaune d'œuf battu, puis placez-les dans la casserole de sirop. Lorsque la surface du sirop est recouverte de boulettes, remettez la casserole sur le feu et portez le sirop à ébullition. Laissez bouillir 5 minutes en retournant les boulettes à mi-cuisson. Quant les boulettes sont cuites, transférez-les sur un plat de service. Gardez au chaud.

Répétez les opérations jusqu'à ce que toutes les boulettes soient cuites, et servez immédiatement.

Gâteau de riz au coco

Khow-Nheaw Moon

500 g de riz gluant
40 cl de lait de coco (voir page 63)
175 g de sucre
1 cuillère à soupe de sel

La garniture aux crevettes (recette ci-dessous) est un des mélanges sucrés-salés accompagnant souvent ce gâteau. Les moins aventureux préféreront peut-être le savourer avec des mangues ou autres fruits tropicaux, ou avec de la crème de coco (page 63).

Lavez soigneusement le riz et laissez-le tremper, couvert, 3 heures, ou toute une nuit.

Égouttez-le soigneusement et placez-le dans le panier d'une grande cocotte à vapeur. Laissez cuire 30 à 40 minutes.

Pendant ce temps, mélangez le lait de coco, le sucre et le sel dans une casserole, et portez à ébullition en remuant sans cesse. Ajoutez alors le riz, retirez la casserole du feu, couvrez-la et laissez reposer 15 minutes. Servez avec la garniture aux crevettes (décrite ci-dessous) ou comme suggéré plus haut.

Garniture aux crevettes

Nah Gung

175 g de crevettes crues, décortiquées et hachées (voir page 63)
100 g de noix de coco râpée
1/2 cuillère à café de curcuma
3 cuillères à soupe d'huile
1 cuillère à café de coriandre hachée fin
1 cuillère à café de poivre noir fraîchement moulu
2 cuillères à café de sel
2 cuillères à soupe de sucre
1 cuillère à soupe de feuilles de makrut ou de coriandre hachées fin pour décorer

Dans une petite jatte, mélangez les crevettes, la noix de coco et le curcuma. Mettez le mélange de côté.

Faites chauffer l'huile dans une poêle, faites revenir la coriandre et le poivre 1 minute. Ajoutez les crevettes, le sel et le sucre, et laissez cuire 5 minutes en remuant de temps en temps.

Transférez le mélange sur le gâteau de riz et décorez de feuilles de makrut ou de coriandre.

Fils d'or au sirop

Phoy Tong

1 œuf entier
11 jaunes d'œuf
50 cl d'eau
750 g de sucre

Pour confectionner ce dessert, il vous faut quatre cônes de papier sulfurisé.

Mélangez l'œuf entier et les jaunes dans un grand saladier. Fouettez pour obtenir un mélange mousseux, et versez ce dernier dans un pot.

Mélangez l'eau et le sucre dans une grande casserole et portez à ébullition en remuant, jusqu'à ce que le sucre soit entièrement dissous. Laissez bouillir, sans remuer, 5 minutes. Confectionnez ensuite les fils d'or : saisissez un cône de papier de la main droite, en bouchant le bout du doigt, et remplissez-le d'œuf. Placez-le au-dessus du sirop, enlevez le doigt du bout du cône et laissez le mélange à base d'œuf s'écouler dans le sirop en faisant un mouvement de spirale dans un seul sens. N'essayez pas de rompre le fil avant que le cône ne soit entièrement vide. Dès que les fils sont cuits — ils cuisent très rapidement — sortez-les du sirop avec des baguettes ou une fourchette. Égout-

tez-les sur des serviettes en papier froissées.

Ajoutez un peu d'eau si le sirop épaissit trop et répétez la même opération avec les autres cônes. Utilisez les fils d'or pour décorer un plat.

Agar-agar en crème

Wun Sang Kha Yha

10 g d'agar-agar trempé
50 cl d'eau
500 g de sucre

Crème
10 g d'agar-agar trempé
75 cl d'eau
100 g de sucre blanc
25 cl de lait de coco (voir page 63)
75 g de sucre roux
3 œufs
1 cuillère à café d'essence de vanille

Pour former la gelée de base, mélangez 10 g d'agar-agar, l'eau et le sucre dans une casserole. Portez à ébullition en remuant jusqu'à ce que le sucre et l'agar-agar soient dissous. Versez le mélange dans un moule à gâteau roulé de 28 × 18 cm. Laissez refroidir, puis prendre au réfrigérateur.

Mélangez ensuite 10 g d'agar-agar, l'eau et le sucre blanc dans une casserole. Portez à ébullition et tournez jusqu'à ce que le sucre et l'agar-agar soient dissous.

Pendant ce temps, chauffez le lait de coco et le sucre roux dans une seconde casserole, jusqu'à ce que le sucre soit dissous.

Battez les œufs dans un bol, ajoutez environ 4 cuillères à soupe de lait de coco chaud en battant bien, puis versez les œufs dans le lait de coco dans la casserole en remuant.

Retirez ce mélange du feu, et versez-le dans la casserole contenant la gelée, en fouettant. Ajoutez l'essence de vanille et portez à ébullition en remuant jusqu'à ce que le mélange épaississe. Laissez refroidir et versez sur la gelée raffermie dans le moule à gâteau. Mettez le tout au réfrigérateur et laissez prendre, puis découpez en triangles ou en carrés. Vous pouvez également vous servir de mini-moules à gâteau pour obtenir des formes différentes. Servez dans un grand plat.

Fils d'or au sirop, agar-agar en crème

Bananes à la thaïlandaise, entremets au coco

Entremets au coco

Ta-Kho

75 g de farine de riz
2 cuillères à soupe de maïzena
25 cl d'eau
1 cuillère à soupe de sucre roux
225 g de sucre blanc
50 g de châtaignes d'eau hachées fin,
ou 25 g de graines de lotus

Garniture :
35 cl de lait de coco (voir page 63)
1 cuillère à soupe de riz
1 1/2 cuillère à soupe de maïzena
1 cuillère à café de sel
pétales de rose, feuilles de theoy
ou fils d'or pour décorer

Mélangez la farine de riz, la maïzena et l'eau dans une jatte. Remuez bien et passez dans une casserole. Ajoutez les sucres, portez à ébullition sur feu modéré en remuant, puis baissez le feu et laissez cuire, en remuant toujours, 5 minutes. Ajoutez les châtaignes d'eau ou les graines de lotus. Répartissez le mélange dans 6 petits bols remplis au tiers. Laissez refroidir.

Pendant ce temps, préparez la garniture en mélangeant tous les ingrédients dans une casserole. Faites cuire 10 minutes à feu doux en remuant constamment, pour obtenir une crème épaisse. Laissez refroidir légèrement, puis répartissez sur chaque bol.

Laissez refroidir complètement et décorez de pétales de rose, de feuilles de theoy ou de fils d'or.

Bananes à la thaïlandaise

Sala Thai Gluy Chium

50 cl d'eau
500 g de sucre
6 grosses bananes (pas trop mûres),
pelées et coupées en quatre
2 cuillères à soupe de rhum
30 cl de crème

Portez l'eau et le sucre à ébullition dans une grande casserole, en remuant jusqu'à ce que le sucre soit entièrement dissous. Laissez bouillir 5 minutes de plus, sans remuer.

Baissez le feu, ajoutez les bananes et laissez cuire 10 à 15 minutes, jusqu'à ce que les bananes soient tendres.

Ajoutez le rhum en tournant doucement pour ne pas casser les bananes. Laissez cuire à feu doux 5 minutes de plus. Transférez dans un plat de service, et versez un peu de sirop sur les bananes. Servez chaud ou froid avec de la crème.

Boulettes à la crème de soja

Theoy Pab

100 g de haricots de soja cassés
2 cuillères à soupe de sucre
1/2 cuillère à café de sel
2 cuillères à soupe de graines de sésame grillées
175 g de noix de coco fraîche râpée
1 poignée de feuilles de theoy
175 g de farine de riz gluant
12 cl d'eau
1-2 cuillères à soupe de graines de sésame

Vous obtiendrez de meilleurs résultats avec de la noix de coco fraîche, râpée juste avant utilisation. Si vous devez préparer la noix de coco à l'avance, faites-la cuire 5 minutes à la vapeur après l'avoir râpée.

Faites tremper les haricots à l'eau froide 6 à 8 heures ou, de préférence, toute une nuit.

Le jour suivant, égouttez-les et posez-les dans le panier d'une cocotte à vapeur. Laissez cuire 30 à 40 minutes, jusqu'à ce qu'ils deviennent mous.

Placez-les dans un bol, réduisez-les en purée et ajoutez 1/4 de cuillère à café de sucre et 1/4 de cuillère à café de sel, ainsi que les graines de sésame grillées. Mettez ce mélange de côté.

Mélangez la noix de coco râpée avec le reste du sel, et étalez sur un plateau creux.

Faites bouillir une casserole d'eau moyenne, jetez-y les feuilles de theoy et laissez cuire 2 minutes pour en extraire la couleur. Sortez les feuilles et conservez le liquide coloré.

Mélangez le riz gluant et l'eau pour former une pâte, en ajoutant assez de liquide de theoy pour la colorer. Conservez le liquide de theoy.

Divisez la pâte en petites boulettes de 2 cm de diamètre et aplatissez-les légèrement.

Remettez la casserole contenant le liquide de theoy à bouillir, jetez-y les boulettes de pâte, plusieurs à la fois, de façon à ce que le liquide continue à bouillir. Les boulettes sont cuites dès qu'elles flottent à la surface. Sortez-les et mettez-les à refroidir dans le plateau enduit de noix de coco.

Dès que les boulettes ont eu le temps de refroidir, percez un trou dans chacune d'elles avec le manche d'une cuillère ou avec le pouce. Introduisez un peu de farce aux haricots dans chaque trou, serrez les bords pour que la farce soit recouverte et roulez les boulettes dans la noix de coco râpée.

Disposez les boulettes dans un plat, soupoudrez du reste de sucre et des graines de sésame avant de servir.

Recettes de base

Les sauces et mélanges extrêmement variés constituent des ingrédients essentiels de la cuisine thaïlandaise. Vous pourrez vous en procurer certains dans le commerce, mais les versions « faites maison » décrites ci-dessous donnent de meilleurs résultats.

Pâte d'ail

Kra Tium-Prig Tai

2 cuillères à soupe d'ail écrasé
2 cuillères à soupe de racines ou tiges de coriandre hachées
1/2 cuillère à soupe de poivre noir moulu

Cette pâte extrêmement simple est un ingrédient essentiel dans de nombreux plats thaïlandais. Pilez tous les ingrédients dans un mortier jusqu'à ce qu'ils forment une pâte. Il est conseillé de préparer la pâte au dernier moment pour lui donner plus de parfum ; elle se conserve un jour ou deux au réfrigérateur, couverte.

Pâte à beignets

Pang Tempura

1 œuf
15 cl d'eau froide
15 cl de farine levante
2 cuillères à soupe de maïzena
1 cuillère à café de levure chimique

Dans un saladier, mélangez l'œuf et l'eau. Incorporez la farine, la maïzena et la levure en les passant par un tamis, et remuez rapidement à la fourchette ou avec deux baguettes. Ne remuez pas trop : la pâte doit contenir quelques grumeaux.

Sauce aux prunes

Num Beuy

3 prunes en boîte et 1 cuillère à soupe de leur jus
15 cl d'eau
6 cuillères à soupe de sucre blanc

Dans une casserole, mélangez le jus des prunes et l'eau. Ajoutez les prunes et portez à ébullition 1 à 2 minutes en remuant sans cesse, pour défaire la chair des prunes. Passez le mélange dans un tamis et remettez-le dans la casserole.

Ajoutez le sucre et portez à ébullition. Baissez le feu et laissez mijoter 15 minutes jusqu'à ce que la sauce épaississe et rougisse. Couvrez et conservez au frais.

Jus de tamarin

Num Som Ma Kharm

25 g de tamarin
14 cl d'eau tiède

Lavez le tamarin et laissez-le tremper dans l'eau 5 à 10 minutes (plus vous le laissez tremper, plus son parfum est fort). Pressez pour extraire le plus possible de pulpe de tamarin, et passez le liquide épais dans un tamis.

Pour conserver le jus de tamarin, passez-le dans un tamis et versez-le dans une casserole pour le faire bouillir. Laissez-le refroidir et couvrez avant de le ranger dans un endroit frais.

Sauce au tamarin

Num Som Ma Kharm (Prung)

14 cl de jus de tamarin (voir ci-dessus)
100 g de sucre roux
2 cuillères à soupe de nam pla

Les ingrédients ci-dessus permettent de confectionner une sauce au tamarin toute simple. Incorporez le sucre et le nam pla au jus de tamarin, portez à ébullition et laissez mijoter, en remuant de temps en temps, jusqu'à ce que le sucre soit entièrement dissous et que la sauce épaississe.

Pâte de curry rouge

Khang Bhed Dang

6 piments rouges secs, épépinés, trempés et hachés
2 cuillères à soupe de citronnelle hachée
1 cuillère à café de coriandre hachée

1 cuillère à soupe d'échalote hachée
1 cuillère à soupe d'ail hachée
1 cuillère à café de galanga haché
2 cuillères à café de graines de coriandre
1 cuillère à café de graines de cumin
6 grains de poivre blanc
1 cuillère à café de sel
1 cuillère à café de pâte de crevettes

Broyez tous ces ingrédients dans un mixeur ou au mortier.
Variantes :
1 Pour une pâte verte, remplacez les piments rouges par 20 petits piments verts thaïlandais (prig khie nhou).
2 Le makrut complète admirablement cette pâte. Utilisez alors uniquement 1 cuillère à soupe de citronnelle et ajoutez 1/2 cuillère à soupe de zeste de makrut haché. N'ajoutez pas de graines de coriandre ou de cumin.
3 Vous pouvez aussi ajouter des crevettes sèches. Ajoutez 2 cuillères à soupe de crevettes à la variante 2.

Pâte de curry rouge cuite

Nam Prig Bhao

5 échalotes
5 gousses d'ail
1 cuillère à soupe de kapee (pâte de crevettes)
15 cl d'huile
5 piments rouges secs, épépinés
1 cuillère à soupe de sucre roux
1/2 cuillère à soupe de nam pla
1 cuillère à café de jus de tamarin (voir page 62)
1 cuillère à soupe de crevettes sèches en poudre

Emballez la pâte de crevettes dans du papier aluminium et placez-le sous un grill préchauffé avec les échalotes et les gousses d'ail 5 minutes, en les retournant à mi-cuisson.

Faites chauffer l'huile dans une poêle à frire ou un wok, et faites revenir les piments à feu moyen 30 secondes. Ne jetez pas l'huile. Déballez la pâte de crevettes, épluchez les échalotes et l'ail, puis mettez-les dans un mortier ou un robot de cuisine. Ajoutez les piments et réduisez en purée.

Placez la pâte obtenue dans une poêle et ajoutez le sucre, le nam pla, le jus de tamarin et la poudre de crevettes. Faites frire à feu moyen en remuant 5 minutes et laissez refroidir.

Dans un récipient hermétique, cette pâte se conserve plusieurs semaines au réfrigérateur.

Préparation des calamars

Préparez les calamars en séparant la tête. Otez les yeux et jetez-les. Frottez le corps de sel pour enlever la peau, et sortez la plume plate en laissant le corps du calamar intact.

Huile au paprika

Num Mun Prig

4 cuillères à soupe d'huile, tournesol ou soja
1 cuillère à soupe de paprika

Faites chauffer l'huile dans une petite poêle, ajoutez le paprika et laissez cuire 1 minute à feu doux, en remuant pour bien mélanger l'huile et le paprika.

Huile à l'ail

Num Mun Kra Tium

4 cuillères à soupe d'huile, tournesol ou soja
1 cuillère à soupe d'ail écrasé

Faites chauffer l'huile dans une petite poêle et mettez-y l'ail à dorer à feu doux 1 minute, en remuant rapidement.

Crème de coco

500 g de noix de coco râpée ou desséchée
1 l de lait

Mélangez la noix de coco et le lait dans une casserole et portez à ébullition. Baissez le feu et laissez mijoter, en remuant de temps en temps, pour faire réduire le liquide des deux tiers. Passez en pressant le mélange contre le bord de la passoire pour extraire autant de jus que possible. Versez le lait de coco dans un bol et mettez-le au frais. Lorsqu'il est froid, retirez la crème formée à la surface. Le reste du liquide constitue le lait de coco proprement dit.

Préparation des crevettes

Les crevettes représentent un ingrédient essentiel de la cuisine thaïlandaise.

Pour préparer des crevettes fraîches, commencez par ôter la tête — elle doit se séparer assez facilement. Décortiquez en commençant du côté de la tête, puis retirez la nervure centrale de la queue, pour ne conserver que les deux côtés.

Avec un couteau pointu, incisez les crevettes dans le sens de la longueur en vous arrêtant juste avant la queue. Ouvrez la chair et retirez le boyau noir central.

Index